Petites conversations avec ma nièce sur la question de Dieu

Du même auteur

Vatican 2035
Plon, 2005

38 ans, célibataire et
curé de campagne
Plon, 2006

La Confession de Castel Gandolfo
Plon, 2008

Dans la peau d'un évêque
Plon, 2009

Lettres à un jeune prêtre
Plon, 2010

Pietro De Paoli

Petites conversations avec ma nièce sur la question de Dieu

Plon

www.plon.fr

Chaque semaine,
retrouvez un des « 100 mots pour la foi »
de Pietro De Paoli
sur http://berulle.over-blog.com/

pietro-de-paoli@laposte.net

ISBN : 978-2-259-21609-8

Pour Mathilde

« J'ai mis devant toi la Vie et la mort,
choisis la Vie afin que tu vives ! »

Deutéronome, 30, 19.

De Marc Belhomme < m.belhomme@gmail.com >
Jeudi 24 février 2011 23 h 14
À Chloé Labourdette < chlodette_08@yahoo.fr >
Objet : Re : À propos de Dieu

Ma jolie nièce,

Ça m'a fait bien plaisir de voir ton nom s'afficher dans ma boîte mail. Je t'avoue que l'intitulé m'a intrigué. Paradoxalement, vois-tu, peu de gens sont aussi directs dans les courriers qu'ils m'adressent. Cela dit, j'aime bien ta précaution : « puisque tu es une sorte de spécialiste ». Je pourrais discuter en disant que, à propos de Dieu, on est toujours assez démuni. Tu sais, on peut être pape, évêque ou grand philosophe et, au fond, ne pas savoir grand-chose. Mais je suis heureux que tu penses à moi. Je ne suis pas ton parrain, mais c'est quand même moi qui t'ai baptisée. À ce titre, je veux bien essayer de t'aider.

Et puis, ta question est très « intellectuelle », ma chère. Ainsi, ta prof de philo vous a parlé des preuves de l'existence de Dieu quand vous avez abordé Descartes. Et tu me demandes si moi, je pense que « ça marche »…

D'après ce que tu dis, ta prof n'était pas convaincue. Je dois te dire tout de suite que moi non plus. Les « preuves de l'existence de Dieu », c'est un très beau jeu intellectuel, mais je ne crois pas qu'on puisse trouver la foi en Dieu par un jeu de logique. Comprends-moi bien, ça ne veut pas du tout dire qu'il est déraisonnable de croire en Dieu. L'Église catholique a toujours soutenu qu'un honnête homme (ou une honnête femme) pouvait par l'exercice de sa raison connaître Dieu. Mais une preuve, c'est autre chose; devant une preuve, on n'a pas le choix, on est obligé. Les fameuses preuves portent très mal leur nom. Elles ne prouvent pas que Dieu existe, elles prouvent qu'on peut énoncer des raisons en faveur de l'existence de Dieu. Des raisons logiques.

En fait, pour résumer, les preuves reviennent toujours un peu à la même chose. Saint Thomas en propose cinq, Descartes aussi je crois, mais pas tout à fait les mêmes, et Kant, quand il les réfute, les résume en trois. Pardonne-moi de faire un peu le savant, mais ça pourra toujours te servir pour épater ta prof; ce sera très chic de lui parler de saint Thomas (d'Aquin – grand théologien dominicain, né en Italie, qui a enseigné à Paris au temps de saint Louis, XIIIe siècle, à peu près au moment où on construisait Notre-Dame de Paris. Son œuvre s'appelle la *Somme*, c'est une sorte de cathédrale de la pensée).

Bon, allez, j'essaie de résumer les fameuses « preuves » :

La première, c'est celle de la cause. Toute chose ayant une cause qui la précède, la grande cause qui précède tout est Dieu. C'est comme le jeu de dominos qu'on faisait quand tu étais petite, tu sais, quand on pousse un domino et que tous tombent les uns derrière les autres. Il faut quand même bien au départ en pousser un. Dans ce cas, c'est Dieu, le coup de pouce.

La deuxième consiste à dire que si j'ai l'idée de Dieu, c'est parce que Dieu existe. En gros, on dit : moi qui suis fini (j'ai un commencement, ma naissance, et une fin, ma mort, et quand je suis ici je ne suis pas ailleurs) et très imparfait, je suis capable de penser l'infini, la perfection, l'éternité. Cette pensée plus grande que moi ne peut pas venir de moi, donc elle vient de quelque chose qui est infini, éternel et parfait, et nous l'appelons Dieu. Celle-là en résume plusieurs.

Ah, la troisième qui me revient, c'est la preuve par la perfection : Dieu étant parfait, l'existence fait forcément partie de ses perfections. Je ne sais pas pourquoi, celle-là m'a toujours beaucoup amusé.

Bon, on va s'arrêter là, elle a raison ta prof, ça ne marche pas. C'est rigolo, parce que c'est de la logique, mais ça ne va pas plus loin. Ta prof le dira sûrement dans un prochain cours, Kant, immense philosophe du XVIIIe siècle, a démontré (logiquement et philosophiquement) qu'on ne peut pas prouver Dieu.

Depuis, il y a des gens qui essaient de démonter Kant. C'est un autre jeu, mais, très franchement, je crois que tout cela ne mène nulle part.

Ma réponse est très ferme : Dieu, on ne le prouve pas au sens où on pourrait trouver quelque chose qui nous permettrait de savoir que Dieu existe de façon tellement sûre qu'il n'y aurait plus besoin de le croire.

Pour tout te dire, je me suis plutôt intéressé aux témoignages de ceux qui disent qu'ils ont éprouvé Dieu, qu'ils ont eu l'expérience d'une existence, et même d'une rencontre. Ça, c'est une autre paire de manches. Mais ce n'est pas ta question d'aujourd'hui.

Je t'embrasse. Si tu dis à ta mère que nous avons échangé un mail, dis-lui que je l'embrasse aussi et passe un salut de ma part à Simon si tu as l'occasion. Dis-lui que je serais heureux d'avoir des nouvelles.

Ton oncle Marc.

De Chloé Labourdette < chlodette_08@yahoo.fr >
Samedi 26 février 2011 18 h 47
À Marc Belhomme < m.belhomme@gmail.com >
Objet : Re : Re : À propos de Dieu

Mon bon tonton,

Je sais, tu détestes qu'on t'appelle comme ça ! C'est pour te faire enrager un peu. Je suis sûre que, maintenant que tu es évêque, les gens sont super sérieux avec toi ; heureusement que tu as encore ta peste de nièce.

Bon, alors, tu es définitif, pas la peine d'espérer une petite preuve ? Tu es sûr ?

Du coup, j'ai une autre question : est-ce que tu crois qu'un jour on prouvera que Dieu n'existe pas ? Bon, je sais, ce serait un peu ennuyeux pour ton job. Mais je voudrais savoir, toi, est-ce que tu as déjà pensé que peut-être, un jour, l'affaire serait définitivement réglée ? Parce que quand même, avant, tout le monde croyait en Dieu, et maintenant il y a de plus en plus de gens qui n'y croient pas.

Bises,

Chloé la peste.

De Marc Belhomme < m.belhomme@gmail.com >
Dimanche 27 février 2011 00 h 14
À Chloé Labourdette < chlodette_08@yahoo.fr >
Objet : Chômeur ?

Bon, selon toi, je risque le licenciement pour raison économique. Disparition du marché par épuisement de la matière première. Plus de Dieu, plus de croyants, me voilà au chômage !

Tu as raison sur un point. Avant, tout le monde croyait en Dieu. Traiter quelqu'un d'athée était vraiment une insulte, et quand la religion et le pouvoir étaient liés ça pouvait conduire à la prison et à la mort. On pensait que quelqu'un sans foi était aussi sans loi, et donc un danger pour la société, un criminel en puissance. Par précaution, on s'en débarrassait. Autant te dire que s'il se trouvait des gens pour douter de l'existence de Dieu, ils ne s'en vantaient pas. Parmi les rares écrits athées, on a retrouvé le testament de l'abbé Meslier, un curé ardennais mort au XVIIIe siècle. Mais, semble-t-il, son comportement ne laissait rien deviner. Pour l'un d'eux qui est connu, combien y eut-il d'athées secrets ? On n'en sait rien du tout.

Je crois qu'il y a encore quelques pays où l'athéisme n'est pas autorisé. Mais, à l'opposé, tu sais sans doute que, pendant le XXe siècle, l'athéisme a été obligatoire dans certains pays. De nombreux régimes communistes ont combattu les croyances et persécuté les croyants. Mais ils ne furent pas les seuls, le Mexique par exemple a interdit la religion (catholique) dans les années 1930, je crois, mais il a fallu y renoncer parce que les paysans se sont révoltés. En Chine, aujourd'hui encore, les croyances sont mal tolérées.

Mais je me rends compte que je m'écarte de ta question, tu vas le trouver casse-pieds, le tonton Marc, à te faire son petit cours.

Alors, est-ce qu'on pourra prouver que Dieu n'existe pas? Franchement? Eh bien, non! Pas plus qu'on ne peut prouver qu'il existe, on ne peut prouver qu'il n'existe pas.

Il paraît que lorsque le premier cosmonaute est allé dans l'espace – c'était un Russe, Youri

Gagarine, en 1961 – et qu'il est revenu sur Terre, il a déclaré, en gros : « J'ai été dans le ciel, je n'ai pas vu Dieu, donc il n'existe pas. »

Il parlait au nom du régime soviétique, communiste et athée.

Tu vois bien à travers cette histoire qu'on ne pourra pas prouver que Dieu n'existe pas par une démonstration scientifique. Irait-on jusqu'au bout de l'univers, et c'est ce qu'on fait quand les télescopes géants scrutent de plus en plus près des premiers instants qui ont succédé au big bang, on n'y trouvera pas Dieu parce que la question de Dieu n'est pas du même ordre que les questions de la science.

Mais, entre les deux sujets, Dieu et la science, il y a une grande chose en commun : il y a des êtres humains qui se posent la question et, eux, ils existent. Et il y a un univers qui existe, qui est observé et que nous sommes capables de comprendre. Pas tout, mais de plus en plus de choses. On découvre qu'il n'arrive pas n'importe quoi n'importe comment, il y a des lois, des règles. Les savants nous les racontent et, avec eux, nous nous interrogeons. L'univers et ses lois nous émerveillent, mais nous ne pouvons pas nous empêcher de nous demander : pourquoi ? Et, parfois, nous séparons le mot en deux : pour quoi ?

Pourquoi est-ce que le monde existe ? Comment est-il possible que nous, les super minus d'une toute petite planète qui tourne autour de l'étoile que nous appelons Soleil dans la banlieue de l'une des innombrables galaxies de l'univers, nous soyons capables de penser, de comprendre, de calculer ? Ce sont des questions qui donnent un peu le vertige. Un grand penseur et mathématicien comme Blaise Pascal, tu sais, le Pascal des *Pensées*, qui vivait au XVIIe siècle, au début de ce qu'on appelle la pensée moderne, a écrit cette belle phrase qui nous habite tous un peu : « Le silence éternel de ces espaces infinis m'effraie. »

Depuis Pascal, les espaces sont devenus infiniment plus infinis qu'il ne pouvait l'imaginer, la science a découvert des myriades de choses, aussi bien dans l'infiniment petit que dans l'infiniment grand. Mais nous sommes toujours comme Pascal, au bord du vertige, effrayés et émerveillés à la fois.

Bien sûr, il y a des gens qui, par peur de ce vertige, mettent vite une barrière afin de ne pas tomber. Ils l'appellent Dieu. Ils en font la réponse à toutes les questions. C'est un Dieu bouche-trou, ou bouche-trou noir, si tu préfères. Autant te dire tout de suite que ce n'est pas comme ça que je vois les choses.

Je crois bien que j'ai répondu un peu en dehors de ta question. Excuse-moi, il est tard et je me suis laissé aller. Allez, je file au lit, demain c'est dimanche, tu sais, le jour où les curés bossent, comme dit ton père !

Grosses bises, jolie Chloé.

De Chloé Labourdette < chlodette_08@yahoo.fr >
Mardi 1 mars 2011 21 h 03
À Marc Belhomme < m.belhomme@gmail.com >
Objet : Re : Chômeur ?

Hello, Marc,

Je suis bien contente de te savoir à l'abri du chômage !

Et puis, je t'avoue, je trouve ça très chic d'avoir un oncle évêque. Succès garanti avec mes copains ! Bon, je reconnais que c'est un peu comme si je leur disais qu'on a un dinosaure carnivore qui garde la maison, mais ça fait quand même un sacré effet, si j'ose dire ! Lol !

J'ai repensé à tes espaces infinis. C'est vrai que ça fiche un peu la trouille. On se dit qu'on n'est pas grand-chose, à peine des fourmis. On se dit qu'au fond l'univers se fout de nous et que, si on disparaissait, ça ne changerait rien. Sauf que je ne sais pas si l'univers pense à nous, mais moi, je pense à l'univers. Et ça, c'est un peu bizarre comme idée, mais ça m'a rendue assez fière de savoir que « je pensais à l'univers ». Encore un peu, je prenais la grosse tête en disant « je pense l'univers ». Je dis ça en riant mais, quand même, il y a quelque chose d'un peu vrai là-dedans. Dis-moi ce que tu en penses, parce que j'aime bien la philo, mais je ne me vois pas aller lire ton saint Thomas, et Kant, les extraits que j'ai dans mon bouquin de classe ne m'encouragent pas. En fait, je ne comprends rien à ce que je lis.

Je compte sur toi pour m'expliquer.

Ta nièce idiote.

De Marc Belhomme < m.belhomme@gmail.com >
Samedi 5 mars 2011 23 h 56
À Chloé Labourdette < chlodette_08@yahoo.fr >
Objet : Du dinosaure !

Bravo, Chloé, élégante façon de me traiter de dinosaure. Mais dinosaure à crête (ou à mitre, si tu préfères, espèce noble, mais carnivore en effet) !

Pour revenir plus sérieusement à tes réflexions, il me semble que ce que tu pressens, c'est la question de la conscience.

Le fameux vertige que nous ressentons tient en partie au fait que nous avons conscience de notre existence et de l'existence de l'univers. Et nous nous demandons : « N'y a-t-il dans tout l'univers que la conscience de ce tout petit troupeau perdu sur sa petite planète ? »

Les récits de science-fiction se penchent sur cette question : y a-t-il ailleurs d'autres êtres vivants qui pensent et qui sont conscients de l'univers ? C'est une question très récente ; il n'y a finalement pas très longtemps que nous savons qu'il pourrait y avoir ailleurs des conditions favorables au développement de la vie et que, peut-être, cette vie est arrivée à un stade de conscience. Je dis ça parce que si sur une autre planète il n'y a que des lichens ou des fougères, ça ne nous avance guère.

Mais c'est vrai que c'est assez angoissant, par les grandes nuits claires, à la campagne ou au bord de la mer, quand on regarde le ciel, de se dire : « Est-ce qu'il n'y a que nous, les Terriens, pour avoir conscience de tout ça ? »

Et ça me ramène à la question de Dieu. Tu vois, souvent, j'ai le sentiment qu'on se demande si Dieu existe un peu comme s'il s'agissait de l'existence d'une planète ou d'une étoile ou, encore pire, du monstre du Loch Ness. Tu vois, on fait des sondages, on demande aux gens leur opinion : « Est-ce que vous croyez à l'existence du Père Noël, de l'abominable homme des neiges, du monstre du Loch Ness, de Dieu » ? Réponses : oui, non, peut-être, ça dépend, ne se prononce pas !

Mais ce n'est pas du tout la même chose. Si Dieu existe, cela signifie qu'il y a une conscience du monde en dehors de la mienne. Parce que Dieu, s'il existe, n'est pas seulement une cause du monde, un moteur, ni même, comme le dit Voltaire, un horloger ; il est plus que ça. S'il est seulement une mécanique ou une logique, une grande loi physique, ce n'est pas Dieu. Pour que Dieu soit Dieu, il faut qu'il ait une pensée, une conscience.

Tu peux demander à Simon, qui est un fort en maths et en physique, il t'expliquera mieux que moi. Les grands chercheurs en sciences cherchent une loi (ou une constante) qui unifie l'univers. Ils espèrent bien la trouver. Mais quand ils l'auront trouvée, ils n'auront pas trouvé Dieu.

Après tout, qu'il y ait un ordre et des lois dans l'univers, ça crève les yeux, même quand on n'est pas un scientifique. On voit bien que tout ça tourne très rond. Dans l'infiniment grand, les planètes ne tombent pas, elles ne quittent pas leur orbite, les étoiles ne se percutent pas. Et dans l'infiniment petit, à l'échelle des atomes, ça tourne bien aussi : les électrons s'accrochent, toutes les forces se mettent en accord pour fabriquer de la matière, de l'énergie, et de notre point de vue, qu'on regarde dans un télescope ou dans un microscope, on ne peut que reconnaître que ça fonctionne bien. Est-ce que ça prouve que « quelqu'un » y a pensé ?

Visiblement, parmi les plus grands scientifiques, les avis sont très partagés. Certains penchent plutôt en faveur de « Dieu ». D'autres ne croient pas que ce soit nécessaire.

Tu vois, là non plus, il n'y a pas de preuve, et je crois bien qu'il n'y en aura jamais.

La philosophie ne prouve rien, la science non plus, ni dans un sens ni dans l'autre. Ça veut dire qu'il va falloir DÉCIDER.

Bon, ma toute belle, il est un peu tard. Comme un mauvais élève, je n'ai pas fini de travailler et, comme la semaine dernière, demain, c'est dimanche et je prêche.

Je t'embrasse et je suis bien heureux de faire un peu plus ta connaissance à travers ces échanges de mails. Je vais être absent trois jours au début de la semaine, et après ce sera la course, ne t'étonne pas si tu m'écris et que je suis un peu long avant de répondre.

Transmets ma tendresse à toute la famille si tu leur parles de moi.

Marc.

P-S. : J'ai eu un mail de Simon, merci d'avoir transmis mon adresse.

De Chloé Labourdette < chlodette_08@yahoo.fr >
Mercredi 9 mars 2011 16 h 03
À Marc Belhomme < m.belhomme@gmail.com >
Objet : Cher dinosaure !

Mon oncle chéri,

Là, tu m'as scotchée, tu dis qu'il faut décider ? Décider de croire en Dieu ou pas ? Mais c'est un peu comme si on décidait d'être amoureux ; ça ne peut pas marcher !

En plus, tous les gens qui sont croyants disent qu'ils ont reçu la foi, pas qu'ils ont décidé de croire. Tiens, et ceux qui ont perdu la foi, ils ne l'ont pas décidé non plus. Il y a vraiment un truc que je ne comprends pas.

À propos, j'ai raconté à maman qu'on avait parlé de Dieu par mail. Elle a dit que j'avais bien de la chance, parce qu'il paraît que tu n'as pas répondu à un message sur tes projets pour Pâques avec grand-mère. Tu connais maman, il faut qu'elle « s'organise », et heureusement qu'elle est là sinon, à coup sûr, la Terre s'arrêterait de tourner. Bon, je te le dis et, s'il te plaît, réponds ou elle va me prendre la tête. Toi, elle n'ose pas !

Bises,

Chloé, fille martyre.

De Marc Belhomme < m.belhomme@gmail.com >
Samedi 12 mars 2011 23 h 43
À Chloé Labourdette < chlodette_08@yahoo.fr >
Objet : Dinosaure à martyre...

Pauvre petite Chloé, martyrisée à ma place par ma sœur bien-aimée...

Tu sais, elle n'a pas toujours été comme ça. Quand elle avait ton âge, elle était incapable d'organiser son temps. Elle ne savait jamais à l'avance ce qu'elle allait faire de ses week-ends et de ses vacances. Ça faisait hurler les parents !

Allez, je n'en rajoute pas dans la délation... et pourtant j'aurais de quoi. Ne t'en fais pas, je lui ai répondu... que je ne savais pas encore !

En fait, on me demande de me joindre à un groupe d'évêques qui ira célébrer Pâques avec des chrétiens palestiniens et israéliens à Jérusalem. Je suis très tenté, mais je suis ennuyé de ne pas être dans mon diocèse à cette période. Surtout, ne lui dis rien, ce n'est pas la peine qu'elle s'inquiète à l'avance.

Bon, allez, revenons à ta question. Tu t'étonnes que je te dise qu'il faut décider de croire, et c'est pourtant vrai. Profondément, on est libre de croire ou pas. Rien ne nous y oblige, je te l'ai dit, il n'y a pas de preuve, ni dans un sens ni dans l'autre. Tu fais la comparaison avec l'état amoureux, tu n'as pas tort, il y a des choses en commun. Évidemment, on peut penser qu'on tombe amoureux comme on tombe dans un traquenard, comme Tristan et Iseult qui boivent accidentellement le philtre magique et qui sont obligés d'être passionnés l'un par l'autre. Ils sont prisonniers du charme. L'amour les lie indépendamment de leur volonté. C'est vrai qu'il y a des passions comme ça, des coups de foudre. On pourrait discuter pour savoir si c'est de l'amour. L'amour comme une cage, c'est un peu étrange. Il me semble que la condition de l'amour, c'est la liberté. Et qu'est-ce que c'est, être libre, sinon décider et mettre en œuvre sa décision ?

De toutes les façons, même si les premiers instants d'un coup de foudre sont indépendants de notre volonté, dans la durée c'est toute notre personne qui consent à aimer, notre cœur, notre intelligence, notre corps aussi et notre âme…

Alors, pour Dieu, c'est un peu la même chose. Si rien ne prouve Dieu, il y a forcément un moment où on prend une option, plutôt pour ou plutôt contre. Quand on est issu comme toi d'une famille où il y a des croyants, et même un super dinosaure, on a entendu parler de Dieu comme de quelque chose (ou quelqu'un) de possible. On a ouvert pour toi la possibilité de Dieu. À un moment de ta vie, ou à plusieurs moments, tu vas avoir à te situer toi-même, en tant que personne, « grande personne ». Tu pourras le faire publiquement, quand par exemple tu décideras (peut-être… enfin) de recevoir le sacrement de la confirmation, ou plus intimement, dans le secret de ton cœur, quand tu décideras ou pas que Dieu est possible. Peut-être la conversation que nous avons te permet-elle de mieux situer la question. Alors, oui, j'affirme qu'un jour tu décideras, et cette décision, tu la réaffirmeras ou tu la modifieras au fur et à mesure de ta vie.

Dans la décision de croire, tous les cas se présentent, de la conversion instantanée, immédiate, comme celle de Paul (saint Paul) sur le chemin de Damas, qui littéralement en tombe à la renverse. Au sens propre, il en tombe sur le cul. Quand je dis ça comme ça à des jeunes, ils trouvent tout de suite Paul plus sympathique. Il y a bien d'autres cas, aussi spectaculaires, comme celui d'André Frossard, qui raconte dans son petit livre *Dieu existe, je l'ai rencontré* comment il a été balayé par la vague de la foi en une minute, alors qu'il n'attendait rien, ne demandait rien, ne désirait rien. C'était un jeune homme de vingt-trois ans, en excellente forme, avec un boulot sympa, une amoureuse, des bons copains. Bref, il n'avait pas « besoin » de Dieu. Tu me diras : mais ils n'ont rien décidé, ça leur est tombé dessus. Faux, c'est avec toute leur intelligence, toute leur volonté, toute leur énergie qu'ils ont accepté ce qui faisait irruption et bouleversait leur vie.

Pour d'autres, la décision de la foi se fait de façon presque insensible, mais quand on se retourne sur sa vie, on se rend compte qu'on a dit un peu plus oui tous les jours.

De nos jours, beaucoup de jeunes de ton âge n'ont en fait jamais entendu parler de Dieu, ou très vaguement, dans des films, des débats à la télé. Autour d'eux, il n'y a pas de croyants. Alors, pour eux, Dieu, c'est un vague truc, plutôt un truc de vieux, un truc d'avant, avant leurs parents. Même leur grand-mère n'en sait plus grand-chose.

Quand on leur pose la question de l'existence de Dieu, ils jouent ça un peu à pile ou face.

Ceux-là, autant te dire que, sauf miracle, je ne les rencontre jamais. Normal, personne ne s'attend à rencontrer des dinosaures vivants. Et pourtant, chère Chloé, je suis bien certain que tous les êtres humains se posent un jour ou l'autre la question de Dieu, même s'ils ne le savent pas. Et la vraie question que moi je me pose, c'est : aujourd'hui, dans notre monde, dans notre société, quand cette interrogation vient – et elle vient forcément –, comment fait-on pour bâtir une réponse ? À qui s'adresse-t-on, où va-t-on voir ?

Est-ce que Google et Wikipédia ou une petite discussion sur Facebook suffisent ?

Marc le Dino.

De Chloé Labourdette < chlodette_08@yahoo.fr >
Dimanche 13 mars 2011 19 h 40
À Marc Belhomme < m.belhomme@gmail.com >
Objet : Martyre à Dinosaure

Mon oncle chéri,

Tu dis que tout le monde se pose un jour la question de Dieu ? Là, je ne suis pas vraiment d'accord. Tu sais, mes copains, Dieu, franchement, ils s'en fichent, c'est vraiment des TPMG, je te traduis, au cas où : « tout pour ma gueule », alors, l'abbé Pierre ou autre… c'est pas leur truc. Le pape, je ne t'en parle même pas. Je ne sais pas lequel les fait le plus rigoler, le vrai ou celui des « Guignols de l'info ».

Des fois, quand même, on en parle à la cantine. Ma copine Léa ne veut pas manger certains trucs parce qu'elle est juive, et nos potes musulmans ne mangent pas de cochon, mais surtout, il y en a qui font le ramadan. On leur a demandé pourquoi. Ils ont dit qu'ils le faisaient par respect pour Dieu, parce que c'est la tradition, et parce que c'est bien pour la santé. Mais, en fait, ils ne savent pas vraiment s'ils croient en Dieu.

C'est bizarre, je trouve, d'être pratiquant sans être vraiment croyant. Chez les cathos, c'est plutôt l'inverse.

Bon, tout ça pour dire que je suis un peu désolée de te l'apprendre, mais, à mon avis, Dieu, plein de gens ne se posent même pas la question.

Je t'embrasse,

Chloé.

P-S 1 : Je te rappelle que je suis dans un lycée catho, tu imagines les autres…

P-S 2 : Je ne relève pas ton allusion perfide à ma confirmation.

De Marc Belhomme < m.belhomme@gmail.com >
Mercredi 16 mars 2011 00 h 21
À Chloé Labourdette < chlodette_08@yahoo.fr >
Objet : Re : Martyre à dinosaure…

Chère Chloé,

Bon, mettons que je ne dise rien à propos de ta confirmation, pour autant je n'en pense pas moins. Mais passons…

J'entends bien ce que tu dis de tes copains et, je te rassure, ça ne m'étonne pas trop… Moi aussi, il m'arrive d'aller dans des lycées cathos, je sais bien qu'il n'y a pas que des enfants de chœur.

Mais je crois que tu ne m'as pas bien compris à propos de Dieu. Même si on ne se pose pas consciemment la question de Dieu, il faut quand même bien à un moment ou un autre se situer par rapport à la question du sens de la vie, même quand on est un TPMG, comme tu dis – j'ignorais l'expression. Je veux dire par là qu'on n'est pas des chiens ou des chats qui sont contents quand leur maître les caresse, que les coussins sont moelleux et que la gamelle est pleine. Ça ne nous suffit pas !

Il nous faut un minimum, je cherche une expression pour le qualifier, celle que je trouve est « équipement spirituel », au sens où il désigne autre chose que ce qui est matériel. Alors, tu me diras que nos animaux domestiques aussi ont besoin d'affection, comme nous, et que ce n'est pas pour autant spirituel. C'est vrai, mais nos chères bestioles ne se préoccupent que du présent. Pour elles, demain n'existe pas. Pour nous, si. Même les gens les plus « matérialistes » choisissent de ne pas avoir telle ou telle chose immédiatement pour en avoir une autre ou mieux plus tard.

Alors, on commence à se poser des questions : Que vais-je faire de ma vie ? Est-ce que je « réussis » ma vie, comment donner des bonnes choses à mes enfants ? Il y a aussi, au cours d'une existence, des moments où on ne fait pas ce qu'on devrait, où on n'est pas très fier de soi. Tu sais, j'entends souvent des gens dire : « Ça, je ne me le pardonne pas. » C'est terrible, parce que, s'ils ne se pardonnent pas à eux-mêmes, qui le fera ? Alors, bien sûr, on peut aller chez le psy ou manger des antidépresseurs. Mais je te le répète, ça ne suffit pas.

On recherche la réussite professionnelle, les honneurs, la célébrité, un grand amour, une belle famille. Mais tout ça pour quoi, si ça n'a pas un sens, au moins un sens humain ! Et, quoi qu'on dise, un sens humain, c'est un sens qui va au-delà de la satisfaction de soi-même. Je te le garantis, il faut du sérieux pour remplir le cœur d'un être humain. Tu sais, ce n'est pas un hasard si le premier signe auquel on reconnaît l'humanité chez nos anciens ancêtres, ceux qui vivaient il y a des centaines de milliers d'années, c'est qu'ils enterraient leurs morts. Cela ne signifie pas nécessairement qu'ils croyaient en un Dieu ni en une vie après la mort, mais cela veut dire qu'ils croyaient qu'une vie humaine a de la valeur au-delà d'elle-même, dans le souvenir et l'estime de ceux qui restent. C'est pour ça me semble-t-il qu'on ne peut pas s'empêcher d'essayer de donner un sens à notre vie. Un sens qui lui donne de la valeur au-delà de son utilité immédiate, au-delà des désirs et des satisfactions immédiats.

Mais une fois qu'on a dit cela, on n'a pas tout dit, loin de là, et on est loin de Dieu. On a juste dit que tout le monde est obligé, plus ou moins consciemment, de se faire un petit bricolage de sens et de valeurs. Au cours de notre existence, d'ailleurs, il est probable qu'on sera amené à revoir le système, à faire des réparations, à changer des pièces.

Les gens qui vivaient avant nous, jusqu'à la génération de ta grand-mère, recevaient à travers la religion une sorte d'équipement de base. Il leur arrivait de le refuser, mais beaucoup « faisaient avec », sans se poser trop de questions. Après tout, il y avait des spécialistes, des professionnels qui avaient les choses en main. On faisait confiance aux curés. En écrivant cela, je me fais une réflexion : c'est quand même un peu bizarre que notre société qui aime tant les professionnels et les experts ne considère pas que, dans ce domaine, ça puisse valoir le coup de s'adresser à des gens dont c'est le métier...

Bon, ma toute belle, je te laisse méditer là-dessus ou sur autre chose, comme tu veux. En tout cas, je te remercie bien d'avoir pris l'initiative de cette conversation avec moi. Je me rends compte que j'attends tes mails avec impatience, et ils m'obligent à mettre en forme ma pensée sur des sujets que finalement je ne traite pas souvent.

Je t'embrasse bien tendrement,

Ton oncle Marc.

De Chloé Labourdette < chlodette_08@yahoo.fr >
Mercredi 16 mars 2011 14 h 36
À Marc Belhomme < m.belhomme@gmail.com >
Objet : Re : Re : Martyre à Dinosaure

Hello, Marc,

Juste un mot pour te dire que je suis bien contente que tu attendes mes mails. Mais je suis super étonnée quand tu dis que ça ne t'arrive pas trop de causer de ça. Je croyais même que c'était ton boulot à plein temps, à part dire la messe, bien sûr.

J'ai dit à maman qu'on se parlait toi et moi, et tu la connais, elle a dit : « N'embête pas trop Marc avec tes histoires, tu sais, il est très occupé et il veut toujours faire plus qu'il n'est possible. » Du coup, je ne lui ai pas avoué à quelle heure tu envoyais tes mails, parce qu'elle serait folle. Tu sais, même si c'est toi l'aîné, elle se prend pour une grande sœur, ou bien alors, comme tu n'as pas de nana, elle croit qu'il faut qu'elle s'occupe de toi et te protège. Sous ses côtés féministes, c'est une vraie *mamma* ! C'est dommage que tu partes en Israël à Pâques, je t'aurais bien demandé l'hospitalité, surtout que Simon revient des US, on serait venus tous les deux. Il aurait été content de te voir. Est-ce que tu fais un grand feu devant ta cathédrale ? Je me souviens de celui que faisaient les scouts devant l'église quand tu étais curé près de chez nous, j'aimais bien.

J'ai décidé d'avoir une grande conversation avec mes potes sur « les sens de la vie et le bricolage ». Demain on a du temps après la cantine, on ira au café pour causer. Je te raconterai.

Bises,

Chloé.

De Marc Belhomme < m.belhomme@gmail.com >
Jeudi 17 mars 2011 01 h 07
À Chloé Labourdette < chlodette_08@yahoo.fr >
Objet : Invitation

Gare à toi, Chloé ! Si tu cafardes à ma chère sœur les heures où je t'écris des mails, je te renie et te déshérite.

Moi aussi, je te réponds vite. Finalement, le voyage en Israël est annulé, trop dangereux, paraît-il. Donc, Simon et toi, vous êtes les bienvenus. Voyez si vous pouvez venir passer quelques jours. J'ai invité votre grand-mère, mais elle n'arrivera que le samedi. Du coup, j'envoie un mail à ta mère pour lui proposer de venir elle aussi. Elle pourra nous faire une belle table de fête pour un petit réveillon au retour de la Vigile de Pâques et un vrai gigot des familles pour le déjeuner du dimanche – je suis assez d'accord avec ton analyse de son côté *mamma*, mais ne lui répète pas. J'étends l'invitation à Émilie et Andrew qui pourront peut-être venir de Londres. Il ne manquera que Jean. Lui et moi, nous échangeons parfois un mail, sinon, comme tout le monde, je suis ses aventures sur son blog. Il a rencontré un de mes vieux copains, Paul, qui est curé à Yaoundé. Tu as peut-être vu les photos : il est superbe, Paul, une armoire à glace. Avant d'être prêtre, il a été footballeur quasiment professionnel. J'espère bien qu'il va être nommé évêque, l'Afrique et l'Église ont besoin de gars comme lui.

Bon, je te laisse, confirme-moi votre venue, ça me ferait vraiment plaisir. Et, surtout, raconte-moi ce que conclura le « conseil des copains » à propos du sens de la vie.

Bises,

Marc.

P-S : Pour motiver ta mère, dis à ton père que j'ai reçu du bon vin et que ça me ferait plaisir qu'on le goûte ensemble.

De Chloé Labourdette < chlodette_08@yahoo.fr >
Samedi 19 mars 2011 10 h 36
À Marc Belhomme < m.belhomme@gmail.com >
Objet : Bricolage

Salut, Marc,

C'était super intéressant notre conversation. Je n'ai pas eu le temps de te raconter tout de suite. Et on en a encore parlé hier à la cantine. Tu sais, les gens qui disent que les jeunes ne pensent à rien, ils auraient été drôlement étonnés.

Bon, d'abord, en gros, tout le monde veut ce que tu dis : gagner sa vie, si possible en faisant un métier pas trop casse-pieds. Là, il y a deux camps : ceux qui veulent se faire un max et ceux qui veulent seulement ne manquer de rien. Tous et toutes veulent être amoureux, les filles, mais aussi les garçons. Ça m'a un peu étonnée, je ne les croyais pas si fleur bleue. Le seul problème, c'est qu'ils pensent qu'ils ont à peu près autant de chances de trouver quelqu'un dont ils seront amoureux toute la vie que de gagner au Loto. Il faut dire que même si leurs parents n'ont pas tous divorcé, ceux qui sont encore ensemble n'ont pas l'air de rigoler tous les jours. C'est vrai que, moi-même, j'ai un peu de mal à imaginer papa et maman amoureux. Je crois que, à leur façon, ils s'aiment encore, ils sont contents d'avoir une famille. Bon, si je réfléchis bien, il arrive que papa dise un truc qui fait rire maman comme si elle avait quatorze ans, et peut-être bien qu'à ce moment-là ils se regardent comme des amoureux. Mettons que c'est possible. Mais j'écoute mes potes, et ce qu'ils racontent est carrément flippant. À croire que, chez la plupart, on ne se parle que pour s'engueuler. Toi qui as marié plein de gens, tu sais si c'est possible de rester amoureux longtemps ? Toute une vie ?

Sinon, presque tous veulent avoir des gosses, surtout les mecs. Les filles ont l'air moins sûres. Ma copine Elsa dit que les mômes, c'est la galère, que ça retombe toujours sur les femmes et qu'elle ne veut pas faire boniche pour un mec et des mômes. Les garçons ont protesté en disant qu'ils étaient parfaitement capables de s'occuper des enfants. Mais ça n'a pas convaincu Elsa.

Pour la célébrité, je leur ai demandé pour quelle raison ils aimeraient être célèbres. Pour rire, Antoine et Nadir ont dit qu'ils se fichaient de la raison, si ça faisait tomber les filles. Mais quand ils ont accepté d'être sérieux, je me suis aperçue qu'en fait ils voulaient être connus pour une bonne cause. Nadir qui veut faire médecine rêve de donner son nom à un vaccin. Antoine nous a étonnés en disant qu'il voulait être comédien pour faire rire et pleurer les gens. Elsa, qui est super féministe, veut faire de la politique et elle regrette d'être née trop tard pour être la première femme présidente de la République. Elle pense qu'il y en aura une avant elle. Je te passe les autres réponses, mais, ce qui m'a frappée, c'est qu'ils veulent que leur vie serve à quelque chose. Héloïse, par exemple, ne veut pas être célèbre, elle veut être prof ou instit parce qu'elle pense que c'est une belle vie d'apprendre des trucs à des gamins. Je suppose que vouloir que nos vies servent à quelque chose, c'est ce que tu appelles le « bricolage ».

Mais, sans vouloir te décevoir, Dieu était bien loin de tout ça. Personne n'en a parlé.

Je redoute de nouveau le chômage pour toi, car si ta matière première, Dieu, ne peut pas être éliminée, tu risques quand même de manquer de débouchés. Comme dit mon prof d'éco, il va te manquer la demande. Or, si tu proposes sur le marché un produit dont personne ne veut, d'abord, le produit perd de sa valeur et, finalement, ceux qui le proposent font faillite et disparaissent.

Tu ne crois pas qu'il est temps de commander une étude de marché sérieuse et de faire un peu de marketing ? Faire une étude de marque et d'image, et peut-être revoir le discours sur le produit et motiver les équipes de vente ? Lol !

Sérieusement, oncle Marc, il n'y a pas « dieu » dans leur vie. Moi, je ne sais pas trop bien, mais je suis née dans une famille où on m'en a parlé depuis que je suis petite, alors, comme tu dis, il va bien falloir que je me décide… (Et, oui, promis, on reparlera de la confirmation.) Mais mes potes, les cathos (ceux dont les parents sont cathos car, parmi eux, certains comme Annabelle ne sont pas baptisés), n'ont pas été au caté, ou à peine. Léa est juive, mais il n'y a que ses grands-parents qui pratiquent. Nadir et Mereziah sont musulmans, mais à part le ramadan que Nadir a fait et la prière qu'ils ne font ni l'un ni l'autre, en fait, ils ne savent rien sur leur religion.

Finalement, c'est encore moi qui connais le plus de choses sur ma religion et sur la leur, c'est te dire !

Alors, tu vois, peut-être que Dieu existe, mais, parti comme ça, dans cent ou deux cents ans, plus personne ne le saura.

Bon, j'exagère sûrement, dis-moi ce que toi tu penses.

Je t'embrasse fort,

Chloé.

De Marc Belhomme < m.belhomme@gmail.com >
Lundi 21 mars 2011 00 h 28
À Chloé Labourdette < chlodette_08@yahoo.fr >
Objet : Re : Bricolage

Chère Chloé,

Eh bien, dis donc, tu n'y vas pas de main morte ! En lisant ton mail, j'ai repensé à une parole de Jésus qui dit un peu les choses comme toi : « Mais le Fils de l'homme, quand il viendra, trouvera-t-il la foi sur la Terre ? » C'est dans l'Évangile de Luc, au chapitre 18, verset 8. Du coup, j'ai lu ce qu'il y avait avant et après en me demandant pourquoi cette phrase se trouve là. Et je t'avoue que c'est un peu bizarre, ça a l'air d'être là tout seul, sans qu'on sache à quoi cela se rattache. On parle de la persévérance dans la prière et, toc, cette étrange phrase tombe.

Est-ce que nous sommes en train d'arriver à ce moment où il n'y aura plus la foi ? Quand les derniers grands dinosaures comme moi auront disparu, que se passera-t-il ?

Sinon, je te remercie pour tes conseils éclairés de marketing, je vais faire suivre à la direction générale (le Vatican) pour information.

Mais imagine-toi qu'ils y ont déjà un peu pensé. J'ai lu il y a une quinzaine de jours un communiqué qui parlait d'un nouvel organisme romain créé par le pape pour la « nouvelle évangélisation ». Il est dirigé par un type que j'ai bien connu à Rome il y a quelques années, Rino Fisichella. En gros, il dit que, depuis quatre cents ans, on a parlé de Dieu très « philosophiquement », comme nous venons de le faire toi et moi : au lieu de parler du Dieu des chrétiens qui est Père, Fils et Saint Esprit. On a parlé de Dieu en général, comme un principe, comme une idée et pas comme quelqu'un. Du coup, sur une idée, chacun peut avoir une opinion, être pour ou contre. Le « théisme » ou « déisme », il y a une nuance entre les deux, mais peu importe, produit l'athéisme.

J'ai trouvé que ce n'était pas idiot comme réflexion. Mon désaccord porte plutôt sur les responsabilités. Il m'a semblé que, dans le texte, c'était la « modernité » qui était responsable, or moi, je crois que c'est l'Église qui s'est toute seule comme une grande engagée sur ce terrain. Elle a tellement voulu parler de Dieu d'une façon « raisonnable » qu'elle a oublié que le Dieu dont elle parle n'est pas une idée mais quelqu'un qui entre en relation avec l'humanité. Quelqu'un qui entre tellement en relation avec nous qu'il choisit de venir partager la vie humaine en devenant un homme. Un homme qui parle, qui agit, qui « l'ouvre » comme on dit, au point que certains décident qu'il doit « la fermer », d'où le complot qui conduit à sa condamnation à mort. Évidemment, on peut trouver cette histoire d'un Dieu qui vient mourir comme un moins que rien sur une croix complètement loufoque, et c'est peut-être pour cela qu'on a préféré faire des grandes démonstrations sur Dieu, qui, comme dit le catéchisme que ta grand-mère Mounette a appris par cœur quand elle était petite, est : « un pur esprit, infiniment parfait, créateur de tout ».

Alors tu as raison, chère Chloé, tes copains, ils sont très loin de Dieu, de ce Dieu-là, le pur esprit parfait... S'ils se posent des questions sur le sens de la vie en général et de leur vie en particulier, l'idée de Dieu ne fait pas partie de leur « bricolage ». Je les comprends bien, parce que moi, ce n'est pas l'idée de Dieu qui me fait vivre, mais ma relation avec Dieu. Et cette relation je ne l'ai pas avec une idée mais avec quelqu'un.

Bon, ma toute belle, il est bien tard, même pour moi, et, justement, j'ai encore une petite conversation à avoir avec le « patron ».

Je t'embrasse fort, et je te remercie encore de la confiance que tu me fais.

Bien tendrement,

Marc.

De Chloé Labourdette < chlodette_08@yahoo.fr >
Mercredi 23 mars 2011 18 h 07
À Marc Belhomme < m.belhomme@gmail.com >
Objet : Ton patron ?

Hé ! Marc,

Sur le coup, je n'ai pas bien compris de qui tu parlais quand tu disais « mon patron ». Mais, vu l'heure, j'ai bien supposé que ce n'était pas le pape ! C'est bizarre que tu appelles Dieu « patron ». Est-ce que ça veut dire que tu fais un « boulot » pour lui ? Et puis, au caté, parce que je suis allée au caté, je te rappelle, on nous a dit que Jésus est notre ami, que Dieu nous aime, mais jamais qu'il est notre patron. D'ailleurs, je trouve que tu as aussi une drôle de façon de parler de Jésus : « Un mec qui l'ouvre. » Je devrais peut-être te faire rencontrer mes potes, ils n'imaginent pas que les dinos à crête parlent une langue qu'ils comprennent. D'ailleurs, tu bosses pour qui, au juste ? Pour Dieu ou pour Jésus ?

Zut, je suis en retard pour mon cours de danse, je te laisse. À +

Bises,

Chloé.

De Marc Belhomme < m.belhomme@gmail.com >
Jeudi 24 mars 2011 01 h 27
À Chloé Labourdette < chlodette_08@yahoo.fr >
Objet : Re : Ton patron ?

Ma belle Chloé,

Dis-moi, en voilà une belle question : Dieu ou Jésus ?

Je pourrais te dire que c'est un peu pareil. Juste pour mémoire, je te rappelle ce que dit le Credo, tu te souviens peut-être de ce truc qu'on récite à la messe… Lol, comme tu dis ! (Je fais des progrès en « djeunes », tu ne trouves pas?) Bon, passons sur cette petite pique, juste pour que je fasse mon boulot d'oncle/évêque.

Dans le Credo, donc, nous disons : « Je crois en Jésus-Christ, le Fils unique de Dieu. Né du Père avant tous les siècles, il est Dieu, né de Dieu, [...] vrai Dieu né du vrai Dieu... » C'est la partie du Credo qui dit que Jésus le Christ est vraiment Dieu.

Dans le mail précédent, je te disais que, pour moi, Dieu n'est pas une idée mais quelqu'un. C'est par Jésus que je fais la connaissance de Dieu. Et Jésus ne me dit pas que Dieu est « un pur esprit, infiniment parfait, créateur de tout ». Il dit quand vous priez, dites : « Notre Père... »

En fait, Jésus passe son temps à parler de son Père et à nous dire qu'il est aussi notre Père à nous. Mieux, il nous montre qui est le Père. À Philippe, l'un de ses apôtres, qui lui demande : « Montre-nous le Père », il répond, avec me semble-t-il un brin d'agacement : « Voilà si longtemps que je suis avec vous, et tu ne me connais pas, Philippe? Qui m'a vu a vu le Père. » Et il ajoute : « Ne crois-tu pas que je suis dans le Père et que le Père est en moi? » C'est dans l'Évangile de Jean, au chapitre 14.

Ça se situe juste avant la mort de Jésus. Si cet épisode est placé là, ce n'est pas par hasard, c'est pour que la phrase nous revienne à l'esprit quand Jésus est sur la Croix : qui m'a vu a vu le

Père. Est-ce ainsi qu'on le voyait, Dieu le Père ? Nous qui disons aussi dans le Credo : « Je crois en Dieu, le Père tout-puissant. » Drôle de toute-puissance que ce Dieu cloué à la Croix.

Jésus nous montre le véritable visage de Dieu. Jésus est « Dieu avec nous » ; Emmanuel, c'est le nom que nous lui donnons à Noël. À cause de Jésus, nous ne pouvons plus nous dire : Dieu, il est trop loin, dans les cieux, il ne comprend rien à ce que je vis, parce que, en Jésus, les chrétiens l'affirment, Dieu est venu connaître la condition humaine.

La condition humaine, en gros, ça veut dire, rire, pleurer, avoir faim, soif, sommeil, froid, être contrarié, ne pas comprendre ce qui arrive, souffrir à cause de l'injustice, avoir peur... Et Jésus a connu tout ça. C'est pourquoi, nous, les chrétiens, nous affirmons que Dieu n'est pas lointain, qu'il n'est pas indifférent, qu'il n'est pas une idée, une toute-puissance, un moteur ou un horloger de l'univers. Avec nos mots et notre compréhension humaine, nous disons qu'il a le souci de ce monde et des humains comme un père. Nous disons qu'il nous connaît parce qu'en Jésus le Christ il est notre frère. Nous disons aussi qu'il reste toujours avec nous par son Esprit. Là, tu reconnais ce qu'on appelle la Trinité. Les chrétiens croient cette chose qui peut sembler étrange, un seul Dieu qui est Père, et qui est Fils, et qui est Esprit. On pourrait se demander pourquoi ce machin compliqué. Il n'y a qu'à dire Dieu et c'est tout. Cette histoire de Dieu en trois personnes, c'est très prise de tête, comme tu dis. Je t'accorde que, très souvent, quand on parle de la Trinité, on est un peu comme à un cours de maths : résoudre l'équation 1 égale 3, et un cours de physique, étude des forces qui permettent aux trois côtés du triangle de rester ensemble. Mais, en fait, ce que nous appelons la Trinité, c'est la découverte que nous faisons que, en Dieu, il y a du mouvement, de l'élan, un amour qui circule, qui s'échange, qui se donne et qui se reçoit. C'est une façon de dire que Dieu n'est pas une solitude parfaite, sublime et glacée, mais un amour brûlant et vivant.

Nous, les chrétiens, avons même la folie de dire que ce bouillonnement d'amour est créateur, qu'il fait exister, qu'il met au monde des êtres qui sont en dehors de lui séparés de lui, et libres de répondre à l'amour de ce Dieu en l'aimant en retour.

C'est ce que nous disons quand nous proclamons que Dieu est créateur.

L'amour et la liberté, il y a là un grand mystère. La perfection de l'amour de Dieu, c'est de nous laisser libres, libres « pour de vrai » de le reconnaître, de nous tourner vers lui et de l'aimer.

Cela signifie que, pour un chrétien, la première chose, la chose la plus importante, c'est de croire qu'il est aimé de Dieu, de croire qu'il y a un Dieu qui l'aime, et que donc sa vie a de la valeur et de l'intérêt parce que quelqu'un s'intéresse à lui et le prend au sérieux.

Tu vois, en réponse à ta première question, dans ton premier mail sur l'existence de Dieu, notre réflexion portait sur la possibilité raisonnable qu'il puisse y avoir « Dieu ». On considérait que devant la complexité de l'univers, tant du point de vue philosophique que du point de vue scientifique, il n'était pas plus absurde de croire que tout cela était dans la main de Dieu que de considérer que c'était le fruit du hasard.

Maintenant, je t'entraîne vers une autre vision de Dieu qui est celle à laquelle j'ai donné ma foi, celle d'un Dieu qui n'est pas un principe mais quelqu'un, et surtout quelqu'un qui a la volonté d'entrer en relation avec les fourmis que nous sommes.

Je t'ai dit que la foi était question de décision, eh bien, voilà encore une chose pour laquelle on a à se décider : non seulement il est possible qu'il y ait un Dieu, mais en plus ce Dieu se soucie des humains que nous sommes.

Telle est ma foi ! Je crois que Dieu est quelqu'un. Je crois qu'il éprouve pour les humains que nous sommes une infinie tendresse, l'espérance d'un père qui veut ce qu'il y a de mieux, les plus grands rêves, le plus bel avenir pour ses enfants, et l'amour et la confiance d'une mère qui ne se lasse jamais de relever et pardonner. J'ai choisi de bosser pour lui, pour faire entendre aux êtres humains qu'ils ne sont pas des fourmis idiotes qui courent dans tous les sens sur un pauvre petit bout de planète mais des enfants aimés, espérés, désirés, des enfants qui comptent et sont infiniment précieux pour Dieu. Voilà, chère Chloé, qui est mon « patron ». Et je dois te dire qu'il ne me déçoit pas.

Je t'embrasse bien fort, ma nièce bien-aimée. Je vais encore te le dire, je suis très heureux de la qualité de notre échange. Tu ne m'as pas confirmé ta venue à Pâques, mais j'ose l'espérer, puisque Simon me dit par mail qu'il se réjouit que nous passions quelques jours ensemble. Il m'est agréable de penser que, dans un mois, nous serons réunis.

Bien tendrement,

Marc.

De Chloé Labourdette < chlodette_08@yahoo.fr >
Jeudi 24 mars 2011 19 h 07
À Marc Belhomme < m.belhomme@gmail.com >
Objet : Re : Re : Ton patron ?

Euh, Marc, je ne suis que ta nièce de dix-huit ans (aujourd'hui), pas ta sœur, ni ta mère, ni ta femme, mais quand même, tu as vu l'heure à laquelle tu envoies tes mails ?

Maman a raison, tu n'as pas vraiment le temps de m'écrire comme tu le fais. Je suis désolée de t'avoir ennuyé comme cela. En plus, je ne crois pas que je fasse partie de ton « boulot ». Je me souviens très bien que, lorsque nous sommes venus à ton ordination il y a cinq ans, tu nous avais expliqué en nous montrant ta bague que tu étais marié aux gens de ton diocèse. Je suis contente moi aussi que nous ayons échangé ces mails. Et ne t'inquiète pas, si j'ai une « grosse » question je n'hésiterai pas à t'embêter.

Je t'embrasse bien fort.

P-S : Je viens te voir avec Simon à Pâques, nous serons là dès le mardi ou le mercredi.

De Marc Belhomme < m.belhomme@gmail.com >
Vendredi 25 mars 2011 00 h 14
À Chloé Labourdette < chlodette_08@yahoo.fr >
Objet : Dix-huit ans !

Zut alors, c'était ton anniversaire, et je ne te l'ai pas souhaité, et en plus tu as dix-huit ans. Je suis impardonnable ! Chloé chérie, je te souhaite plein de belles et bonnes choses. Tu entres « officiellement » dans la vie adulte, celle où on décide vraiment soi-même. Je me souviens bien de mes dix-huit ans. Mes parents avaient voulu faire une vraie grande fête. L'aîné de leurs enfants qui devenait majeur, ça les impressionnait. À l'époque, j'étais en première année de prépa. Je bossais beaucoup sans bien savoir pourquoi. Rétrospectivement, je crois que je voulais « faire quelque chose de ma vie », mais quoi ? Cette fête m'a mis assez mal à l'aise. J'avais l'impression que mes parents étaient soulagés. J'étais assez bon élève pour qu'ils pensent que j'allais avoir une bonne école, donc un bon boulot. Pour eux, l'essentiel était fait. Mais, pour moi, tout était encore à faire, justement, le « bricolage » dont on vient de se parler.

Mais bon, je ne te casse pas les pieds avec mes souvenirs.

Chère vieille nièce, je t'embrasse bien fort et, s'il te plaît, entre « grandes personnes », respecte-moi un peu. Je dors quand je veux, et je te réponds à l'heure qui me convient. Si tu en as assez de nos échanges, on s'arrête là, mais ce n'est pas la peine de chercher de mauvaises raisons... et en plus de me les mettre sur le dos ! Non, mais...

Je t'embrasse bien fort, ma grande nièce.

P-S 1 : Je deviens un peu gaga avec l'âge, mais je n'en reviens pas que la crevette rose que j'ai baptisée il y a si peu de temps soit déjà devenue une grande personne.

P-S 2 : Est-ce que tu sais que pour être une chrétienne adulte, il faut être baptisée et confirmée... Eh oui, je sais, je suis lourd !

De Chloé Labourdette < chlodette_08@yahoo.fr >
Samedi 26 mars 2011 12 h 07
À Marc Belhomme < m.belhomme@gmail.com >
Objet : Re : Dix-huit ans !

Oh, oncle Marc,

Tes fleurs sont superbes. J'étais super contente que le bouquet soit pour moi. C'est la première fois que je reçois des fleurs. Et pardonne-moi d'avoir joué les *mamma*. Ce doit être les effets pervers de l'âge, tu vois, moi aussi, je suis atteinte.

Promis, je ne regarderai plus l'heure de tes mails. Du coup, nous continuons notre « conversation ». Je trouve le mot très chic. Tu crois qu'un jour on sera publiés comme madame de Sévigné et sa fille ?

Je reviens à ce que tu disais de tes dix-huit ans. Tu ne savais pas encore que tu serais prêtre ? Est-ce que tu croyais en Dieu ? Quand est-ce que tu as décidé de croire ? Et d'être prêtre ?

Et puis j'ai une autre question, mais c'est assez perso, alors, si ça t'embête, ne réponds pas, mais est-ce que tu as été amoureux ?

Chloé.

P-S : Tu n'es pas lourd, tu es même plutôt drôle. Dis, tu leur parles comme ça, aux jeunes de ton diocèse ?

De Marc Belhomme < m.belhomme@gmail.com >
Dimanche 27 mars 2011 17 h 14
À Chloé Labourdette < chlodette_08@yahoo.fr >
Objet : Re : Re : Dix-huit ans !

Ma toute belle,

Comme tu y vas. Bon, que te dire ? Je suis le fils de Mounette et Padou, l'un et l'autre étaient catholiques issus d'une longue tradition catholique. Avec eux, on allait à la messe le dimanche sans discuter, au moins quand on était enfants. Ils font partie des catholiques qui ont accueilli le concile de Vatican II avec joie. Quand ils en parlaient, ils s'en souvenaient comme d'une grande espérance, et aussi d'un moment où ils avaient été vraiment fiers d'être de cette Église qui osait se réformer, qui montrait au monde qu'elle était vivante, moderne, et qu'elle avait quelque chose de vraiment important à dire aux hommes et aux femmes de ce temps. Moi, je ne me souviens pas de grand-chose, j'avais huit ans à la fin du concile ! Mais je n'ai jamais oublié la colère de Padou ton grand-père quand il y a eu le texte du pape Paul VI sur l'interdiction de la pilule. On était en vacances, et il a jeté le journal par terre en disant des gros mots, ce qu'il ne faisait jamais devant ses enfants. Pourtant, je ne sais pas si tu te souviens un peu de lui, mais ce n'était vraiment pas quelqu'un qu'on pouvait soupçonner de désordre moral. Il était médecin dans une grosse bourgade où il soignait des gens de tous les milieux sociaux. Il savait ce que certaines femmes étaient capables de faire pour éviter des grossesses trop nombreuses, sans parler de celles qui s'enlaidissaient et se laissaient aller pour que leur mari ne les regarde plus. Tu imagines !

Pour autant, Padou est resté catholique, et Mounette aussi, mais quelque chose s'était cassé, ils sont devenus un peu inquiets, un peu soupçonneux vis-à-vis de Rome, un peu anticléricaux aussi. Ils trouvaient aussi que l'Église n'était pas assez engagée au côté des plus pauvres. Tu sais, avant « la Sécu pour tous », ton grand-père était un médecin qui faisait payer les riches et pas les pauvres.

Je te raconte ça pour que tu imagines à quoi ressemblait mon monde d'enfance et d'adolescence. J'ai été au caté (j'ai même eu Mounette comme dame caté), puis à l'aumônerie. Par rapport à ta génération, j'ai eu la chance de connaître Dieu, la Bible, Jésus avant de me demander si je croyais.

Toi, tu dois décider de croire. Moi, je devais décider de ne pas croire. En fait, la plupart de mes copains et de mes copines ont décidé de ne pas croire. Moi, j'ai surtout eu la chance de voir mes parents vivre. Je savais bien que, même s'ils critiquaient parfois le pape, ils avaient mis Jésus au centre de leur vie. Je suis assez ému de dire cela mais, vraiment, c'étaient des vrais chrétiens et je leur dois certainement plus que ce que je n'ai jamais su leur dire.

Quand j'étais ado, j'ai un peu traîné les pieds pour aller à la messe et, à la fin du lycée, je n'y allais plus que de temps en temps. Pour tout dire, ça me barbait sérieusement. Mais je n'avais pas vraiment éliminé Dieu de ma vie. Entre mes deux années de classe prépa, en été, j'ai accompagné pour un court séjour dans un monastère le groupe de l'aumônerie où pourtant je n'avais pas mis les pieds de l'année. J'avais un peu plus de dix-huit ans, je n'étais pas trop mal classé, j'avais une bonne chance d'intégrer une école convenable à la fin de maths spé, mais je savais qu'il y avait un truc qui clochait. Je crois que j'avais un peu peur de m'ennuyer… pendant toute ma vie. Tu vois, être un brave ingénieur, peut-être même un honnête père de famille qui gagne convenablement sa vie, mais est-ce que ça allait être suffisant pour ne pas m'ennuyer ? En fait, je n'ai pas trop aimé le monastère – trop de silence, de calme, et puis que des hommes… Déjà que dans ma prépa je trouvais que ça manquait de filles, alors là ! Et pourtant cette retraite a changé ma vie. Le dernier soir, l'aumônier, que je ne connaissais pas, a demandé si certains d'entre nous avaient déjà pensé à devenir prêtre. Il nous a demandé d'y réfléchir. Il nous a proposé de faire une chose assez étrange, d'écrire une réponse chacun dans notre chambre pendant la soirée, de la mettre dans notre portefeuille et de la relire à la fin de l'été. Et là, tu vois, j'ai fait une grosse bêtise. Sur le petit bout de papier, un peu par jeu, j'ai écrit : « Pourquoi pas ? » Et, à la fin des vacances, j'ai relu les mots « Pourquoi pas ? ». Et je n'ai pas jeté le papier. Je l'ai gardé. Et de temps en temps je le dépliais et le relisais. Pendant les deux ou trois années qui ont suivi, j'étais comme hanté par ce bout de papier qui commençait à tomber en lambeaux. Un jour, j'ai compris que je ne m'en tirerais pas si je ne prenais pas le temps de me poser la question « en vrai », et je suis entré au séminaire pour y répondre un peu sérieusement.

Bon, tu me diras que pour un type qui trouvait que les prépas scientifiques et les monastères manquaient de filles, ce n'était pas très logique. Je suis bien d'accord avec toi, et cela prouve qu'on ne se comporte pas toujours de façon logique.

Pour être exact, il manque un grand personnage dans ce morceau de mon histoire. Il manque Jésus. Lui, je ne l'avais pas éliminé et, quand j'y repense, je sais bien que c'est lui qui m'a retenu. Même quand je ne savais pas vraiment qu'il était une personne vivante, quelqu'un avec qui je pouvais avoir une relation, j'étais intéressé par le personnage. Ce type-là, quand même, il avait défrayé la chronique. À tel point que le temps – au sens propre, la « chronique » – partait désormais de la date supposée de sa naissance. Et tout ça pour un fils de charpentier, un petit juif qui avait vécu une trentaine d'années dans un coin sans prestige de l'Empire romain ? Ça ne pouvait pas être n'importe qui. Et quand je lisais l'Évangile ou que je l'entendais lire à la messe – ça m'arrivait d'y aller –, je ne pouvais m'empêcher de sourire. Ce Jésus, il avait bien embêté ceux qui lui posaient des questions et qui se demandaient qui il était, tous les spécialistes, les notables, les « bourgeois », les bien-pensants. Bon, c'est vrai qu'à force de les choquer, ça s'était mal terminé et, au bout du compte, ils avaient eu sa peau. Non seulement je le trouvais sympathique, mais en plus je l'admirais. C'est peut-être pour cela que j'avais écrit « pourquoi pas ? » sur mon papier. Je n'étais pas encore vraiment chrétien, au sens où je n'avais pas encore donné ma foi à Jésus-Christ comme une personne vivante, la personne la plus vivante qu'on puisse imaginer, mais je l'admirais au point d'avoir l'idée que lui ressembler, c'était peut-être une façon de réussir ma vie. Et être prêtre c'était sans doute, dans mon esprit, une façon de dire que je voulais réussir ma vie de cette façon-là.

Tu vois, à dix-huit ans, je ne sais pas trop si « j'avais la foi ». Disons que j'avais un doute positif.

Bon, ma jolie, tant pis pour ta question indiscrète, mais c'est dimanche, et comme, pour une fois, je t'écris à une heure ouvrable, il faut que je te laisse pour aller dire la messe du dimanche soir à la cathédrale.

Je suis impatient de te voir ; essayez d'arriver à temps pour la messe chrismale, mardi 19 à 18 heures à la cathédrale.

Bises,

Marc.

De Chloé Labourdette < chlodette_08@yahoo.fr >
Mercredi 30 mars 2011 21 h 04
À Marc Belhomme < m.belhomme@gmail.com >
Objet : Jésus

Cher oncle Marc,

J'ai lu plusieurs fois ton dernier mail. C'est un peu bizarre ce que tu racontes. Est-ce que vraiment tu as presque décidé d'être prêtre sans être tout à fait sûr d'avoir la foi ?

Et puis il y a autre chose qui me tracasse, tu dis que Jésus est vivant, que c'est la personne la plus vivante qu'on puisse imaginer. Mais toi, tu le rencontres comment, Jésus ? J'imagine que tu lui parles quand tu pries, mais lui, comment l'entends-tu ? Comment sais-tu qu'il n'est pas toi ? Je m'emmêle un peu, mais comment sais-tu que ce n'est pas ta conscience, une projection de ton inconscient (notion toute neuve de mon cours de philo) ou une voix intérieure ? Comment peux-tu être sûr que ce n'est pas une illusion ?

Parce que, tu vois, moi, je veux bien croire qu'il y a un Dieu plutôt que rien ou le hasard. Je veux même bien croire que Dieu nous veut du bien. Je comprends aussi que c'est utile qu'il y ait des spécialistes, des professionnels comme toi qui parlent de Dieu, qui expliquent les choses. Je peux croire aussi que, s'il y a un Dieu qui nous veut du bien, cela peut changer notre façon de vivre. C'est une bonne raison pour ne pas nous conduire comme des salopards. Mais, si j'ai bien compris, toi, tu crois quelque chose en plus quand tu dis que Jésus est vivant. Je voudrais bien que tu m'expliques parce que je sais que tu n'es pas un fou illuminé comme ceux qui chantent et qui dansent « Jésus t'aime, alléluia ! » dans les rues le samedi après-midi. Sérieux, ils me fichent la honte. Après ça, moi, je n'ose plus dire que je suis chrétienne, je ne tiens pas à passer pour une folle. Tu sais, oncle Marc, c'est vraiment compliqué d'être chrétien quand on est jeune aujourd'hui. Entre le pape qui raconte des trucs qu'on ne comprend pas ou pire qu'on voudrait ne pas comprendre, les mémés à cheveux bleus qui vont à la messe et qui insultent les jeunes et se plaignent des étrangers et des Arabes, et les agités de « Jésus t'aime », il n'y a pas beaucoup de place pour être juste normale. Ah, j'oubliais, dans ma classe, il y a aussi une allumée du pape. Elle est sans arrêt, « le Saint Père par-ci, le Saint Père par-là ». Ses parents l'ont emmenée à Rome, et il paraît qu'ils ont vu le pape et qu'il a posé sa main sur sa tête. Depuis, c'est à peine si elle a osé se laver les cheveux. Ça serait bien que tu m'emmènes à Rome, on irait voir le pape ensemble, juste pour la faire enrager. Lol, c'est une blague. Mais on va à Rome quand tu veux, juste pour le plaisir de s'y promener.

Bon, ma question sérieuse, c'est quand même : avec Jésus, comment vous vous parlez, tous les deux ?

Je t'embrasse,

Chloé.

De Marc Belhomme < m.belhomme@gmail.com >
Dimanche 3 avril 2011 01 h 03
À Chloé Labourdette < chlodette_08@yahoo.fr >
Objet : Re : Jésus

Ma belle Chloé,

C'est vrai que nous avons une conversation bien intéressante. Et elles ne sont pas faciles, tes questions. Cela dit, tu as raison de les poser. À propos de Jésus, je vais te raconter une petite histoire vraie. Il y a quelques années, je passais quelques jours de vacances chez tes parents, tu devais avoir six ou sept ans. Je ne sais pas si tu en as conservé le souvenir, mais tu avais une amie imaginaire qui comptait beaucoup pour toi. Il me semble qu'elle s'appelait Camille. Comme tu étais en vacances et qu'elle ne t'avait pas accompagnée, tu lui téléphonais longuement tous les soirs d'un vieux téléphone portable hors d'usage.

Tu parcourais le jardin en jacassant comme une péronnelle, en faisant des mines de petite madame ; tu t'exclamais et tu riais de bon cœur comme si tu avais réellement quelqu'un au bout du fil. Tandis que je te contemplais depuis la terrasse en prenant l'apéritif avec tes parents, je m'inquiétais un peu de savoir si la phase de l'amie imaginaire allait durer longtemps encore et si c'était une évolution psychique normale. Ta mère, toujours savante, m'expliqua, travaux des meilleurs spécialistes à l'appui, que tu avais un développement tout à fait classique et qu'il n'y avait aucun souci à se faire, que ça te passerait. En quoi, d'ailleurs, elle avait parfaitement raison. Mais tu connais ton père, plutôt pince-sans-rire, il s'était tourné vers moi et m'avait dit : « Mais toi-même, tu as bien un ami imaginaire avec lequel tu parles, et personne ne te prend pour un fou. Pourtant, à ton âge, c'est peut-être un peu inquiétant. »

Bien sûr, je connais l'humour de ton père et nous avons ri tous ensemble.

Mais la question demeure : comment être sûr que Dieu, Jésus, n'est pas un ami imaginaire, une production de notre psychisme ?

Eh bien, là, de nouveau, ma pauvre Chloé, je suis bien obligé de te dire que rien ne le prouve. Encore une fois, nous décidons de croire que cette voix intérieure que nous entendons dans la prière n'est pas la voix de notre inconscient mais bien la voix d'un autre qui se fait connaître. Et rien n'est jamais achevé ; sans cesse, nous avons à discerner, à reconnaître ce qui vient de Dieu au milieu du brouhaha de nos voix intérieures, de nos folies, de nos névroses. C'est pourquoi, quand on a une décision importante à prendre, par exemple, quand on est au séminaire, on est accompagné par un directeur spirituel qui nous aide à trier ce qui est notre propre volonté, nos désirs et l'appel de Dieu. Dans la vie chrétienne, on a souvent besoin de recourir à l'aide d'un tiers, d'un frère ou d'une sœur chrétien ou chrétienne qui nous écoute et nous aide à voir clair.

Dans la vie ordinaire, une des meilleures façons d'entendre Dieu et d'écouter sa parole retentir est de lire ou d'écouter la Bible. Les prêtres écoutent et lisent la Bible à la messe, mais ils sont aussi fidèles à la prière des psaumes tout au long de la journée. Tu sais, il n'y a que cent cinquante psaumes, et on les lit à peu près tous par cycles de quatre semaines. Quand comme moi on fait cet exercice depuis plus de vingt-cinq ans, cela signifie qu'on a récité chaque psaume plus d'une centaine de fois. Bien sûr, parfois, on le fait machinalement. Mais, même sans y penser, cette parole nous imprègne, nous habite. Par exemple, je pense souvent que Jésus, qui était un juif pratiquant, récitait les psaumes comme moi. Quand je dis les psaumes, je les dis uni à Jésus qui les a dits dans tous les moments de sa vie, heureux ou malheureux, comme moi.

L'autre grande prière de la vie d'un prêtre est la messe. Je voudrais bien que les gens se rendent compte que la messe en elle-même est une prière. On ne prie pas à la messe, c'est la messe qui prie en nous. Il n'y a pas d'autre effort à faire que de se laisser aller dans la prière de l'Église. Mais ça, peu de gens le comprennent. Les gens veulent faire des efforts ; si on leur dit de simplement se laisser aller, ils ont du mal à nous croire.

Bon, j'arrête mes histoires de curé.

Il reste que, pour entrer en relation avec Dieu, il faut lui laisser un peu d'espace. Je crois que ce que les jeunes générations comme la tienne ne savent pas faire, c'est laisser grandir leur vie intérieure. Avant même de trouver Dieu, il faut se trouver soi-même, s'entendre et s'écouter vivre. Pour cela, il faut un peu de silence et un peu de patience, surtout envers soi-même, et puis il ne faut pas avoir peur. Je crois que c'est assez difficile d'apprendre cela tout seul.

Quand j'avais autour de ton âge et un peu plus, j'ai fait à plusieurs reprises l'expérience d'une retraite dans un monastère. Je n'ai pas toujours aimé, je te l'ai dit, mais j'y ai appris à écouter ma vie intérieure. C'est un peu comme apprendre à nager. Au début, on a peur de couler ; on ne veut pas lâcher le bord. On ne veut pas rester seul, dans le silence, comme les petits enfants qui ont peur du noir. Il y a des gens qui apprennent tout seuls, mais c'est mieux si on a un maître nageur.

Il aide à faire les premiers mouvements. Dans la vie intérieure, c'est pareil. Le « maître », celui ou celle qui aide, permet de faire un apprentissage par étapes.

Peut-être te souviens-tu, Chloé, que lorsque tu avais à peine dix ans, c'était un peu après la mort de Padou, tu as passé quelques jours de vacances au bord de la mer avec Mounette. Elle avait accepté, sur ma demande, d'offrir l'hospitalité à une amie religieuse, une jeune femme roumaine qui faisait des études en France. Tu connais Mounette, elle n'avait pas hésité une seconde. Cette jeune femme avait aidé Jean à faire du grec, et toi, elle t'avait appris à « méditer ». J'étais venu passer quelques jours et j'avais été étonné de vous voir partir toutes les deux au bord de la mer, du côté des grands rochers. Là, face à l'horizon, vous demeuriez en silence. Tu y avais me semble-t-il pris goût. Est-ce que tu as oublié cet épisode ?

Bien sûr, la méditation n'est pas nécessairement la prière, mais c'est l'une des voies qui y conduisent. En fait, il faut faire quelques petits exercices pour débarrasser son esprit du superflu qui l'encombre. C'est une sorte d'échauffement, comme avant un effort physique. Tout le monde ne prie pas, mais je suis certain que, pour aller bien, il faut parfois, et si possible chaque jour, prendre le temps de s'installer « chez soi », de se mettre au centre de sa vie. Malheureusement, peu de gens savent faire cet exercice, et on n'apprend pas à le faire à l'école. Alors, beaucoup font exactement l'inverse, ils font tout pour être « hors d'eux ». Musique à fond, téléphone, télévision, radio, ordinateur, jeux vidéo, tout est bon pour éviter de se retrouver avec soi-même.

Tu vois, ma nature n'est pas très pessimiste, mais je suis inquiet. Dans notre société, il y a trop de vacarme, on ne s'entend plus penser, alors comment veux-tu qu'on entende Dieu ?

Allez, ma belle, je vais faire une petite causette avec mon ami imaginaire, comme dirait ton père, je vais lui parler de toi, de la belle personne que tu es en train de devenir.

Je t'embrasse tendrement.

Que Dieu te bénisse, chère Chloé,

Marc.

De Chloé Labourdette < chlodette_08@yahoo.fr >
Mercredi 6 avril 2011 21 h 04
À Marc Belhomme < m.belhomme@gmail.com >
Objet : Adina

Hello, oncle Marc,

C'est incroyable, j'avais complètement oublié Adina. Et maintenant, tout me revient. Je me souviens de nos « méditations » devant la mer. J'étais vraiment fière de savoir faire ça, mais surtout je me sentais vraiment bien. Pourquoi j'ai arrêté ? C'est idiot. J'ai essayé de recommencer, mais je crois que je suis devenue assez nulle. Bien sûr, il me manquait la mer, mais quand même. Je vais peut-être essayer de le faire dans une église. Il y en a une qui est souvent ouverte assez près du lycée. Mais je t'avoue qu'hier je n'ai pas osé y entrer devant mes copines. J'ai un peu honte de dire ça, mais si je ne te le dis pas à toi, à qui le dirai-je ?

Tu vois, si j'étais sûre d'être croyante, peut-être que j'aurais le courage de mes choix. Mais là, c'est juste pour faire une expérience. En fait, je ne sais pas si je suis chrétienne. Ma famille est chrétienne, je suis baptisée, j'ai été au caté. Je vais même à la messe de temps en temps, rarement avec les parents, surtout avec Mounette. Et puis bien sûr j'y vais aux grandes fêtes. Je sais qui est Jésus. Mais moi, Chloé, qu'est-ce que je crois ? En fait, je ne sais pas. Je ne me suis jamais vraiment posé la question. Je me suis mise à y réfléchir sérieusement en commençant à t'écrire.

Tu as raison, je suis comme tu dis, je fais du bruit. J'écoute de la musique pendant que je travaille, je bavarde avec mes potes au téléphone et sur mon ordi. J'ai peur d'être seule, peur du silence. Tu dis que, lorsque tu avais dix-huit ans, tu avais peur de t'ennuyer toute ta vie, mais tu pensais à l'avenir. Moi, j'ai toujours peur de m'ennuyer dans la minute qui vient mais je n'aime pas penser à l'avenir. Je ne sais pas quelles études j'ai envie de faire, je ne sais pas quel boulot j'aurai. Il y a des trucs qui se passent partout dans le monde et personne n'y peut rien, peut-être que personne n'y comprend plus rien. Les tremblements de terre, les tsunamis, les catastrophes nucléaires, les désastres écologiques, les crises économiques mondiales, les bulles financières (je suis en section éco), la faim, les épidémies, les affreux tyrans qui font tirer sur la foule, tout s'emmêle. On ne sait plus qui est responsable de quoi. Sérieux, oncle Marc, ça fiche la trouille. Tu crois vraiment qu'il y a un Dieu? Et en plus un Dieu qui prend soin de nous? Enfin, je suppose bien que tu y crois, mais franchement tu fais comment ? Parce que, s'il y a un Dieu, il n'a pas l'air de beaucoup se soucier de ce qui nous arrive!

Bisous,

Chloé.

De Marc Belhomme < m.belhomme@gmail.com >
À Chloé Labourdette < chlodette_08@yahoo.fr >
Samedi 9 avril 2011 01 h 07
Objet : Re : Adina

Ma belle nièce,

C'est une terrible question que tu poses là, à laquelle personne ne peut échapper, du plus grand théologien au plus humble des êtres humains – tu sais, quand les gens disent : « S'il y avait un bon Dieu… » ou « Qu'est-ce qu'il fait, le bon Dieu? » Et la question ne date pas d'hier.

Dans la Bible, on en trouve l'écho, par exemple dans le psaume 42, au verset 4 : « Où est-il, ton Dieu ? »

En fait, c'est la question du mal et de la toute-puissance de Dieu qu'il faut affronter. Comment concilier un Dieu tout-puissant et bon avec l'observation que nous faisons du mal, aussi bien le mal « naturel », celui des catastrophes naturelles, que le mal que font les êtres humains – guerres, crimes, négligence, gaspillage, égoïsme, etc.

Face au mal, on peut résumer les choses de la façon suivante. Soit Dieu est un indifférent pour qui le mal et le malheur ne comptent pas. Ce Dieu-là ne regarde que les grandes masses, les grands équilibres de l'univers. Parfois, il y a des « dégâts collatéraux », mais, à son échelle, ça n'a pas d'importance : pourquoi un petit humain compterait-il plus qu'une fourmi ? Soit Dieu est impuissant ; il voudrait bien empêcher le mal, mais il n'y peut rien. Soit Dieu tout simplement n'existe pas.

Beaucoup d'anciennes religions considéraient que les dieux n'avaient pas grand souci des humains. Elles voyaient la Terre comme un grand terrain de jeu pour les dieux qui se comportaient comme des tyranneaux de façon cruelle et irresponsable. C'est par exemple le cas des dieux grecs. Les dieux pouvaient faire le bien ou le mal, mentir, tricher, sans aucune considération pour les hommes. La principale différence entre les dieux et les hommes, c'était que les dieux étaient immortels et les humains mortels. Mais les dieux n'étaient pas meilleurs que les hommes, très loin de là. Quand les hommes croient à ce genre de dieux, ils font toutes sortes de sacrifices et d'offrandes pour essayer de se rendre aimables et obtenir leur protection. C'est un peu comme payer la mafia pour avoir la paix. Tu te souviens peut-être que, dans l'*Iliade*, Homère raconte que les dieux participent à la guerre de Troie. Certains sont du côté des Troyens, d'autres du côté des Grecs. Chacun et chacune, car les déesses sont aussi de la partie, ont leurs champions préférés. Au fond, on ne peut pas dire que les dieux grecs sont mauvais, ils sont simplement à l'image des humains. Avec des nuances, les dieux de l'hindouisme sont un peu comme cela.

À travers le monde, il y a aussi ce qu'on appelle les premières religions, plus anciennes encore que les religions à dieux multiples, dans lesquelles les dieux ou les esprits sont liés aux éléments naturels. Il n'y a pas de bien et de mal, l'ordre de la nature est l'ordre divin. Les volcans crachent du feu, les fleuves débordent, les lions mangent les agneaux, c'est le grand ordre de la « mère nature ». Aujourd'hui, certains écologistes rejoignent cette ancienne croyance. Leur problème, c'est que l'homme n'est pas très « naturel ». Il exploite la nature, la soumet, l'abîme. Dans cette perspective, l'homme est le plus dangereux des prédateurs, celui qui détruit tout. Cet écologisme-là est très antihumain. L'amour de la nature y est lié au soupçon, parfois à la haine de l'homme.

Ce qui se passe de singulier autour de la Méditerranée, c'est la naissance du monothéisme : il y a un seul dieu. Il est à la fois à l'origine et à la fin de l'univers. Il est maître du temps et de l'espace. Mais ce dieu n'est pas l'Univers. Il est créateur, et il est séparé de sa création. Il y a trois grands monothéismes qui ont des parentés fortes entre eux. Dans l'ordre de leur apparition : le judaïsme, le christianisme et l'islam. Pour ces trois religions, Dieu est tout-puissant puisqu'il est créateur, et il est bon. Contrairement aux dieux dont j'ai parlé avant, il n'est pas capricieux, il ne change pas d'avis, ne se venge pas et ne veut rien de mal.

Le problème, c'est que l'observation de l'univers montre que les choses ne sont pas parfaites. La nature n'est pas très calme, les lois naturelles qui font que les gros mangent les petits semblent assez cruelles. Quant aux humains, alors, c'est encore pire, parce que certains semblent prendre plaisir à faire du mal et à faire souffrir.

Il y a donc deux grandes questions : pourquoi y a-t-il des désordres naturels? Pourquoi les hommes font-ils ce qui est mal?

Ce qui est remarquable, c'est quand même que ces questions ne séparent pas les croyants des incroyants. La question du mal, et particulièrement la question du mal au cœur de l'homme, traverse toute réflexion sur l'humanité. D'autant que, si nous sommes honnêtes, nous savons bien que chacun d'entre nous, et donc toi et moi, est capable de faire ce qui est mal, et que nous le faisons.

Finalement, quand on regarde les humains, on constate deux choses : le mal concerne tout le monde et nous en sommes tous capables. Et pourtant il y a aussi des hommes et des femmes capables de faire le bien au prix de leur vie, non seulement pour sauver ceux qu'ils aiment, mais aussi pour sauver des gens qu'ils ne connaissent pas : tel sautera à l'eau pour sauver quelqu'un qui se noie, les pompiers de New York sont montés dans les tours en risquant leur vie, et souvent ils sont morts. Les employés de la centrale atomique japonaise luttent pour éviter une catastrophe sachant que très probablement ils y laisseront sinon leur vie, du moins leur santé.

Sur la question du bien et du mal, il y a encore une question et elle est très importante, surtout pour nous qui vivons dans un espace « mondialisé ». La planète est devenue un gros village : est-ce qu'on peut être tous d'accord sur ce qui est bien et ce qui est mal? C'est une question très difficile. Autrefois, les philosophes pensaient que la règle du bien et du mal était dans le cœur de tout être humain. Mais les anthropologues qui ont étudié les peuples et les peuplades anciens ou éloignés, donc très différents de nous les Occidentaux, nous disent que, dans toute société, il y a des règles qui définissent le bien et le mal, mais que ces règles ne sont pas universelles. Par exemple, dans toutes les sociétés, il y a une interdiction de l'inceste, mais la définition de l'inceste varie suivant les sociétés. Les règles sont parfois beaucoup plus compliquées que les nôtres qui interdisent les unions entre parents et enfants et entre frères et sœurs. Alors, y a-t-il seulement des lois installées par les sociétés ou y a-t-il une règle dans le cœur de chaque être humain ?

C'est autour de ces questions que tournent les religions, les philosophies et les sagesses.

Mais, ma toute belle, je trouve que ma dissertation est déjà bien longue.

Pour répondre plus directement à ta question : oui, moi, je crois de toute la force de mon cœur et de mon âme qu'il y a un Dieu qui nous veut du bien.

Je t'embrasse, ma chérie. Je ne doute pas que tu vas encore avoir une foule de questions. Encore un grand merci de nous faire à l'un et à l'autre le cadeau de cette belle conversation.

Bien tendrement,

Oncle Marc.

De Chloé Labourdette < chlodette_08@yahoo.fr >
Dimanche 10 avril 2011 21 h 04
À Marc Belhomme < m.belhomme@gmail.com >
Objet : Adam et Ève

Eh bien, dis donc, oncle Marc, tu as raison, tu as posé plus de questions que tu n'as donné de réponses. Moi, je me disais qu'un type comme toi, un évêque en plus, avait des réponses pour toutes ces questions et, si j'ai bien compris, tu n'as pas toutes les réponses, loin de là ! Mais quand même, dans la Bible, il y a bien l'histoire d'Adam et Ève : ils ont désobéi à Dieu et ils se sont fait virer du paradis. Et à cause d'eux plus rien ne va. Bon, c'est sûr que ce n'est pas facile de savoir où on case Adam et Ève, entre les grands singes et les pithécanthropes ? Mais, sérieusement, cette histoire, toi, tu y crois ? Enfin, tu y crois comment ?

Je t'embrasse,

Chloé.

P-S : Plus qu'une semaine de cours et on vient te voir. L'avion de Simon arrive dimanche matin. Il roupille pour récupérer le décalage horaire, on pique la voiture de maman et on débarque, sans doute mardi en début d'après-midi. On sera là pour la messe dont j'ai oublié le nom. Eh, tu savais que Simon avait une copine à Chicago ? Il paraît qu'il va venir avec elle cet été pour la présenter aux parents. Tu crois qu'il va se marier ? Il est quand même un peu jeune, non ?

De Marc Belhomme < m.belhomme@gmail.com >
Mardi 12 avril 2011 23 h 54
À Chloé Labourdette < chlodette_08@yahoo.fr >
Objet : Re : Adam et Ève

Mademoiselle curieuse,

Ça ne te regarde pas vraiment, me semble-t-il, les affaires de Simon. Et puis, Simon va avoir vingt-cinq ans, il a fini ses études, il a un boulot. S'il pense que Lisa est la fille avec laquelle il veut partager sa vie et fonder une famille et qu'elle pense comme lui, pourquoi est-ce qu'ils devraient attendre d'avoir trente ans, « comme tout le monde »? Moi, je crois que si on a trouvé la bonne personne, c'est plutôt bien d'avoir des enfants assez jeunes. Il me semble que c'est plus facile, et puis ça veut dire qu'on est encore jeune quand les enfants sont grands. J'ai des amis de mon âge dont les enfants ont quitté la maison, et je vois qu'un certain nombre en profitent bien. C'est un peu comme s'ils retombaient amoureux. Ils redécouvrent le plaisir de faire des choses à deux, et ils sont en pleine forme. Mais bon, c'est une opinion, peut-être une opinion de vieux…

Allez, revenons à bien plus vieux que nous deux, Adam et Ève. Tout d'abord, je suppose que tu le sais, mais je te rappelle que la Bible est un livre d'histoires et pas un livre d'Histoire. Les auteurs de la Bible, dont les croyants disent qu'ils ont été inspirés par Dieu, n'ont pas raconté des faits qui correspondaient à un savoir historique ou scientifique mais à un savoir spirituel. Parfois, bien sûr, dans ces histoires, il y a des faits historiques. Par exemple la guerre avec les puissants voisins babyloniens et la défaite qui conduit une partie des habitants de Jérusalem en exil.

Dans la vie de Jésus, on retrouve aussi des éléments qui sont historiquement vérifiables comme l'occupation romaine, le roi Hérode ou le gouverneur romain Ponce Pilate. Mais, en général, l'Histoire n'est pas le souci des auteurs. Ce qui les intéresse, c'est la foi, c'est le rapport des hommes avec Dieu et de Dieu avec les hommes. Pour l'essentiel, leurs écrits n'ont pas la forme de dissertations ou d'exposés théoriques (mais il y a des exceptions, comme certaines lettres que saint Paul écrit aux premières communautés chrétiennes de croyants). Les auteurs sont plutôt des raconteurs d'histoires, comme on racontait des histoires devant le feu, à la veillée.

Cette histoire d'Adam et Ève répond exactement à cette description. C'est l'un des plus anciens récits de la Bible. Il a sans doute été répété et mémorisé par des conteurs avant d'être mis par écrit. Son but est de répondre à la question du mal. Comme tous les textes de la Bible, celui-ci doit être interprété. Il faut le lire et essayer de comprendre son sens ou ses sens.

Évidemment, cette histoire n'a rien à voir avec les théories de l'évolution. Donc inutile de demander où sont Adam et Ève par rapport à Neandertal ou Cro-Magnon.

Je te rappelle les faits rapidement : Dieu crée un être humain à partir de la terre ou de la boue, un *adam* ou si tu préfères, c'est le sens du mot, un « bouseux ». Il lui offre la disposition du jardin, de tous les fruits et de tous les arbres, sauf un. Pour qu'il ne soit pas seul, Dieu lui fabrique et lui offre aussi tous les animaux. L'adam les nomme, mais aucun ne fait l'affaire pour l'accompagner dans la vie. Dieu le fait dormir et, à partir de son côté, il fabrique un autre être humain. Quand le premier être humain ouvre les yeux, il reconnaît un autre qui lui ressemble, « os de mes os, chair de ma chair ». Et nous voilà avec un homme et une femme. Je me laisserais bien aller à dire que l'adam devient vraiment un homme (masculin) quand il a en face de lui une femme, qui elle aussi est faite avec une partie de l'adam. Je trouve que c'est une jolie façon de dire que les hommes et les femmes appartiennent absolument à la même humanité, qu'en penses-tu ? Évidemment, des grincheux phallocrates et misogynes ont ensuite prétendu que la femme était inférieure à l'homme parce qu'elle en serait une partie (sa moitié). Ils oubliaient que, dans l'affaire, l'adam avait laissé quelque chose et que l'homme mâle n'était qu'une partie de l'adam d'origine. Il faut un « adam » pour faire un homme et une femme.

Mais laissons cela pour l'instant et retournons dans le jardin.

Au début, ils vivent heureux. Mais le serpent, animal rusé, dit la Bible, vient semer la zizanie. Il s'adresse à la femme et prêche le faux : « Alors, Dieu a dit que vous ne deviez pas manger les fruits des arbres ? » La femme (qui entre parenthèses n'était pas encore créée quand Dieu a donné le règlement intérieur du jardin) rectifie et répète ce qu'elle sait : ils ont le droit de manger de tous les fruits sauf ceux d'un arbre. Arbre de vie ou arbre de la connaissance du bien et du mal, arbre du milieu du jardin ? Quand on lit le texte, on est un peu perdu. Et visiblement Ève aussi. Le serpent en profite pour jeter le doute sur la parole de Dieu : « Dieu a dit que si vous mangez de cet arbre vous mourrez, mais pas du tout, en fait, vous serez comme des dieux et vous aurez la connaissance du bien et du mal. » La femme, nous dit le texte, vit que les fruits de l'arbre étaient bien attirants. Elle en mangea et en offrit à son homme qui en mangea aussi. Aussitôt, nous dit la Bible, ils virent qu'ils étaient nus. À cause de ce mot, on a longtemps pensé que leur désobéissance était d'ordre sexuel et que les fautes liées au sexe étaient les pires des péchés. Je suis certain que c'est une fausse interprétation, mais ce n'est pas notre sujet aujourd'hui.

Revenons à nos deux nudistes. Dieu les cherche, les appelle, mais ils se cachent. Ils diront d'ailleurs qu'ils se cachent parce qu'ils ont peur. Tu vois, il me semble que c'est là, le vrai début du péché, dans la peur de Dieu.

Évidemment, Dieu les trouve et leur demande des explications, et là, on a droit à un très bel exemple de défense sur le thème : « C'est pas moi, c'est l'autre. » L'homme dit : « Ce n'est pas moi, c'est la femme que tu as mise à mes côtés. » Autrement dit : « Je ne suis pas responsable, c'est toi qui m'as donné cette femme. » À ce moment-là, il a « oublié » qu'elle est « la chair de sa chair ». C'est sauve qui peut et chacun pour soi. Premier péché, la peur de Dieu, deuxième péché, la lâcheté. La femme ne fait pas mieux, elle est bien de la même race que l'homme. Elle aussi se défausse : « Ce n'est pas moi, c'est le serpent. » Et en effet, qui a laissé traîner ce serpent fourbe dans le jardin ?

Dialogue de sourds, pas de regrets, des accusations. Un formidable refus de prendre ses responsabilités et d'assumer ses actes.

Moi, à la place de Dieu, si j'ose dire, j'aurais été assez énervé devant ces deux poltrons menteurs. Et pourtant, Dieu ne met pas sa parole à exécution. Ils ne sont pas foudroyés sur place, ils ne meurent pas. Mais ils se font quand même virer du jardin. Et leur désobéissance a des conséquences. D'abord, le serpent y perd ses pattes et rampe sur son ventre en attendant qu'une femme lui écrabouille la tête. Quant aux humains, ils sont désormais obligés de gagner leur pain à la sueur de leur front et les femmes d'enfanter dans la douleur. Et surtout, il y a quelque chose de rompu entre l'homme et la femme. Au lieu d'être de vrais compagnons et d'être vraiment unis, ils vont pratiquer entre eux le mensonge, les entourloupes et la violence. La relation entre eux est déséquilibrée. L'homme montrera qui il est en étalant sa force, la femme répondra en usant des artifices de la séduction.

Il me semble qu'on peut méditer cette histoire pendant une vie entière sans en épuiser le sens. Au cas où ça t'intéresserait de la lire dans le texte, on la trouve dans une bible, livre de la Genèse, chapitre 2.

Qu'est-ce que j'en dis aujourd'hui à propos du sujet qui nous intéresse, c'est-à-dire le mal? D'abord que les humains en sont complices et victimes, mais qu'ils n'en sont pas à l'origine. Ensuite que Dieu n'abandonne pas les humains : il les envoie dans le « grand monde » vêtus de chaudes tuniques de peau.

Ce qui me frappe surtout, c'est que le mal transforme la parole. Avant, il y a la parole de Dieu qui crée et qui donne la vie. Ensuite, il y a la parole tordue qui ment, qui déforme, qui rejette la faute sur les autres. Ma conviction, c'est que les péchés les plus graves, on ne les fait pas avec son sexe mais avec des mots. Mensonge, dissimulation, calomnie sont les ingrédients de toutes les guerres, de toutes les haines, de tous les crimes. Tu le vérifieras toi-même en entendant le texte de la Passion de Jésus qu'on lira le soir du vendredi saint.

Je crois aussi que l'histoire d'Adam et Ève ne dit qu'une toute petite partie des choses à propos du mal. Cette affaire du mal (en langage catho, on dit le « mystère du mal ») parcourt toute la Bible. C'est son sujet principal ; Dieu veut le bonheur des humains et non leur malheur, et la Bible raconte comment Dieu essaie d'extraire les hommes de la spirale du mal.

Le texte de la Genèse nous apprend aussi qu'il ne suffit pas de croire que Dieu existe. Adam et Ève n'avaient pas le problème de savoir s'ils croyaient en Dieu ou pas. Ils le voyaient se promener dans le jardin. En revanche ils n'ont pas cru Dieu.

Nous aussi, nous avons surtout à croire Dieu. À croire sa parole. À croire qu'il nous veut du bien, qu'il veut notre vie et notre bonheur, et non notre mort et notre malheur. Nous sommes toujours comme les deux nudistes du jardin, nous avons peur que Dieu nous juge. Il ne nous vient pas à l'esprit qu'il pourrait nous aimer au point de nous pardonner. C'est pourquoi je te disais au début de notre échange qu'il ne suffit pas de se demander si Dieu existe. Il faut décider de croire qu'il y a un Dieu qui a souci de l'homme.

En fait, ce qui n'a pas pris une ride dans ce texte de la Bible, c'est que sans cesse nous nous méfions de Dieu, nous ne le croyons pas, nous ne lui faisons pas confiance. Ce péché-là, il n'y a que Jésus qui ne le commet pas.

De Chloé Labourdette < chlodette_08@yahoo.fr >
Jeudi 14 avril 2011 21 h 04
À Marc Belhomme < m.belhomme@gmail.com >
Objet : Re : Re : Adam et Ève

Dis-moi, oncle Marc, tu as l'air d'en savoir beaucoup plus long que nous tous sur la Lisa de Simon ! Mais puisqu'il sera là dans trois jours, c'est lui que je cuisinerai.

Sinon, sur Adam et Ève, j'aime bien ta façon de raconter les histoires, mais je ne trouve pas que ça réponde aux questions sur le mal. En tout cas, moi, cette histoire de serpent qui perd ses pattes, j'ai un peu de mal à la prendre au sérieux. Quand même, ce Dieu qui punit les nudistes, comme tu dis, parce qu'ils ont désobéi, j'arrive pas à y croire. Ça voudrait dire que ce que Dieu veut, c'est qu'on soit sages et obéissants, qu'on respecte le règlement ? Moi, franchement, je n'y connais pas grand-chose, mais je ne vois pas Dieu comme ça. Je trouve ça petit et Dieu, s'il existe, il est au-dessus de ça !

Et puis ton histoire n'explique pas pourquoi on se retrouve sur un petit bout de planète sur laquelle, visiblement, les travaux ne sont pas finis. Ça bouge, ça tremble, ça déborde, ça explose. Franchement, les merveilles de la nature, quand on voit le Japon, j'ai des doutes. D'accord, pour la centrale nucléaire, on est responsables, mais pour le tremblement de terre et le tsunami, on n'y est pour rien.

Sérieusement, oncle Marc, je suis un peu perdue. Avant, je me disais que je comprendrais quand je serais grande ; maintenant, je suis grande et je ne comprends rien. Est-ce qu'on peut vivre sans comprendre ? Tu sais, j'ai quitté l'aumônerie parce que le prêtre m'avait dit : « Chloé, tu poses trop de questions. Il faut accepter de ne pas tout comprendre et mettre sa foi en Dieu. » Moi, je ne peux pas. Et toi ? Tu as renoncé à te poser des questions ? C'est ça, la foi ? Décider de ne plus se prendre la tête et obéir à Dieu et à ceux qui savent ce que Dieu veut ?

Je crois que j'ai vraiment besoin d'un coup de main. J'espère que tu auras un peu de temps à passer avec moi tranquillement la semaine prochaine.

Je t'embrasse,

Chloé la paumée.

De Marc Belhomme < m.belhomme@gmail.com >
Dimanche 17 avril 2011 00 h 59
À Chloé Labourdette < chlodette_08@yahoo.fr >
Objet : Nos questions

Ma nièce bien-aimée,

Ton aumônier avait à la fois tort, raison et tort. Il avait tort parce qu'on ne pose jamais trop de questions. C'est notre honneur d'humains que d'être des poseurs de questions. Mais il a raison quand il dit qu'il faut accepter de ne pas tout comprendre. D'abord si nous comprenions tout, nous ne nous poserions plus de questions et donc nous serions moins humains. Ensuite parce qu'il y a bien un « pas » de la foi à faire, une décision qui n'est pas appuyée sur des réponses. Mais il a surtout tort parce que mettre sa foi en Dieu, ça ne veut pas du tout dire ne plus avoir de questions. Au contraire. Comme je te l'ai déjà dit, Dieu n'est pas un bouche-trou.

Tu as pleinement raison de dire que si Dieu veut simplement qu'on soit sages et obéissants, c'est petit. Tu veux vivre plus large et plus grand, et tu as raison.

Quand on dit que Dieu est Père, on parle de son amour et de sa tendresse. Ça ne signifie pas que nous sommes des petits enfants. Dans l'un des premiers textes de la Bible, il y a l'histoire du premier des croyants, Abraham. Dieu lui fait quitter le pays de sa famille pour qu'il devienne le premier aventurier de la foi. Et c'est une aventure de liberté. Dieu appelle des hommes et des femmes libres, et il ne les transforme ni en petits enfants soumis ni en esclaves.

Reste la question du mal. De nouveau tu as raison, l'histoire d'Adam et Ève est très loin de la résoudre. En cette matière, chère Chloé, je n'ai pas de grands raisonnements à te proposer. Ce n'est pas une question théorique, c'est une question vitale. La grande question de notre vie, car, quoi que nous fassions, nous y serons confrontés. Nous ferons du mal ou on nous fera du mal. Nous commettrons des injustices ou nous en serons victimes. Autour de nous, ceux que nous aimons mourront, et nous-mêmes nous devrons affronter l'idée de notre propre mort. Et, intimement, nous savons que la mort n'est pas un bien. Ne serait-ce que parce que notre mort fera souffrir ceux qui nous aiment.

C'est cette grande question de la vie et de la mort, de la souffrance, du mensonge, de l'injustice que nous allons affronter pendant la semaine qui vient, celle que nous, chrétiens, nous appelons la semaine sainte.

Peut-être demain dimanche iras-tu à la messe, c'est le dimanche des Rameaux, on y lit la Passion de Jésus, son arrestation, son procès et sa mort. Je sais que tu penses connaître l'histoire par cœur, mais écoute-la vraiment. De toutes les façons, nous aurons l'occasion de la réentendre vendredi.

Tu me demandes ce que je pense et ce que je crois, les circonstances vont nous permettre de le vivre ensemble pendant les jours qui viennent. Ce sera plus facile d'en parler après. Je me réjouis de passer ce temps avec vous, et spécialement avec toi.

De Chloé Labourdette < chlodette_08@yahoo.fr >
Lundi 25 avril 2011 22 h 44
À Marc Belhomme < m.belhomme@gmail.com >
Objet : Merci

Mon oncle chéri,

Il est déjà tard et demain retour au lycée, et bac dans six semaines. Comme dit papa : « Cette fois, Maclo, on ne rigole pas ! » Bon, honnêtement, de toi à moi, et sans faire ma prétentieuse, ça devrait aller parce que, s'ils ne me le filent pas, ils vont avoir du mal à rester à 85 % de réussite. Et, dans mon bahut, c'est 97 %. Normal, les autres ont été virés avant. Bon, mais tu sais comment sont les parents !

C'est drôle, parce que tu as beau avoir l'âge des parents, et avoir un super job, tu as quand même l'air moins flippé. Peut-être que c'est Dieu qui rend jeune ! Bon, j'arrête mes blagues idiotes, je voulais être sérieuse pour te dire un immense merci. En fait, j'ai plein de choses à te dire. On a vécu des trucs super, mais on n'a pas eu beaucoup de temps pour parler, sauf la balade tous les deux samedi, juste quand maman commençait à me prendre la tête. Bon, il faut que j'éteigne sinon maman va hurler.

Je t'embrasse. Merci encore, c'est super d'avoir un oncle comme toi.

Chloé.

P-S : Tu crois que je pourrais faire ma confirmation à la Pentecôte ou c'est trop rapide ?

De Marc Belhomme < m.belhomme@gmail.com >
Mardi 26 avril 2011 01 h 19
À Chloé Labourdette < chlodette_08@yahoo.fr >
Objet : Re : Merci

Ma nièce bien-aimée,

Tu m'as pris de vitesse. Je voulais vous remercier tous pour l'excellent moment que nous avons passé ensemble, et surtout te dire combien j'aurais aimé avoir davantage de temps pour qu'on se parle, mais ce n'est pas très grave, c'est aussi très important d'avoir vécu des choses. La vie, il faut la vivre, pas seulement en parler. Moi aussi, j'ai reçu comme un cadeau notre escapade de samedi. Ma chère sœur est vraiment très douée dans le rôle de Marthe : j'agite les casseroles dans la cuisine en faisant le plus de bruit possible et j'engueule tous ceux qui ont l'air de croire qu'il y a des choses plus utiles à faire, en particulier… ne rien faire. Comme dit ta génération, moi aussi elle me soûlait.

Mais ce samedi saint est quand même un jour un peu bizarre. Ce jour-là, plus que tous les autres, d'une certaine façon, Dieu est caché. Il est hors de notre compréhension, de notre intelligence. Pour décrire ça, comme je te l'ai dit, on emploie l'expression « il est descendu aux Enfers ». Les Enfers au pluriel n'incluent pas l'idée de jugement mais désignent simplement le séjour des morts. Les Anciens imaginaient un monde d'ombre, de silence. J'ajouterais volontiers de lenteur et d'ennui. Les morts reposent dans une sorte de torpeur. Et, dans la nuit de Pâques, l'Église proclame que ce monde visité par Jésus-Christ est tiré par lui à la lumière, extirpé de sa torpeur, réveillé.

Il y a de nombreuses années, j'avais été très impressionné par un très beau geste des chrétiens orthodoxes. Dans la nuit, après que le prêtre a lu l'Évangile de la Résurrection, ils sortent de l'église avec leurs cierges à la main et vont dans le cimetière, ils chantent de bruyants alléluias et proclament à haute voix : « Réjouissez-vous, les morts, Christ est ressuscité. » J'ai fait cette expérience alors que j'accompagnais un ami dont la grand-mère était morte dans l'année. Nous sommes allés sur sa tombe lui crier : « Réjouis-toi, Mamika, Christ est ressuscité. »

Je t'avoue que je rêve qu'un jour les catholiques aussi sortiront des églises cette nuit-là en chantant et en dansant.

Et les gens diront : « Mais qu'est-ce qu'ils ont ceux-là, ils ont bu on quoi ? »

C'est exactement ce que les gens de Jérusalem ont dit quand ils ont vu les apôtres qui avaient reçu l'Esprit-Saint le jour de la Pentecôte : « Dis donc, ceux-là, ils sont pleins de vin doux. » Et Pierre répond : « Pas du tout, nous n'avons pas bu, il n'est que neuf heures du matin. » Et ensuite il leur explique que Jésus qui était mort est vivant.

Bon, allez, je ne te refais pas toute l'histoire, mais ça me fait une bonne transition pour te parler de ta confirmation. C'est bien que tu y penses. Il faut quand même que tu me dises ce qui t'a fait changer d'avis, ça m'intéresse. Sinon, pour la Pentecôte, c'est un peu rapide, et en plus ça va tomber en plein au début du bac. Alors, même si, en effet, tu vas l'avoir, tu peux aussi essayer d'avoir une mention... Eh oui, je peux aussi faire le vieil oncle sérieux sans le moindre effort ! En fait, normalement, tu dois être confirmée par ton évêque, pas par ton bon tonton. Tu vois, la confirmation, ce n'est pas un truc privé et familial, ça t'envoie annoncer l'Évangile. Ça fait de toi une chrétienne responsable, responsable de toi-même et responsable de la Bonne Nouvelle. C'est pourquoi il est normal que ce soit ton évêque qui le fasse.

Bon, on prendra le temps d'en reparler. Merci encore pour tout et à bientôt.

Grosses bises, ma toute belle,

Marc.

P-S : À propos de Dieu qui rend jeune, je suis sûr que c'est vrai. Dieu est le meilleur élixir d'éternelle jeunesse. Beaucoup mieux que le Botox et la chirurgie esthétique.

De Chloé Labourdette < chlodette_08@yahoo.fr >
Mercredi 27 avril 2011 17 h 44
À Marc Belhomme < m.belhomme@gmail.com >
Objet : Cher curieux

Cher bon oncle curieux,

Ainsi, tu te demandes pourquoi tout à coup je veux faire ma confirmation ? En fait, je ne sais pas trop. Si je t'ai écrit ça, c'était sans doute pour être sûre qu'on allait poursuivre notre conversation parce que, moi, j'ai encore plein de questions et j'aimerais bien continuer à en parler avec toi. Mais c'est vrai aussi que, pendant ces quelques jours de Pâques, il s'est passé quelque chose, même si je n'ai pas encore compris quoi.

Bon, du coup j'ai tellement de questions que je ne sais pas par où commencer. Tu sais, quand on s'est promenés tous les deux samedi après-midi, je t'ai demandé pourquoi Jésus était mort. C'est vrai que je n'avais jamais vraiment fait attention au récit de sa mort. Tu vois, Jésus, tout le monde sait qu'il est mort sur la Croix. Je crois que, pendant longtemps, j'ai même cru que « Christ » c'était un mot qui voulait dire « croix ». Et toutes les fois qu'on disait Jésus-Christ, crac, on le reclouait sur la Croix. Le plus terrible, c'est que, finalement, à force de le répéter et à force de voir des crucifix dans les maisons ou dans les églises, ça perd de sa réalité. On oublie complètement que c'est un vrai type en chair et en os qui est mort comme ça. Je te dis cela pas seulement à cause de la souffrance ; des gens qui souffrent affreusement, des torturés ou des malades, il y en a tout le temps. Bien sûr, les heures qu'il a passées sur la Croix, ce n'était pas rien ; j'imagine bien que c'est horrible, mais, hélas, il y a des souffrances bien plus grandes. Non, ce que je veux dire, c'est que Jésus, on oublie que c'était un vrai homme, et pas seulement au moment de sa mort, aussi pendant toute sa vie. En fait, c'est ça que j'ai compris la semaine dernière. J'ai réalisé qu'il est mort à trente ans. Trente ans, c'est pas si vieux que ça, c'est l'âge d'Andrew – tu te rends compte, l'âge du mari de ma grande sœur ! Tout juste l'âge où on devient vraiment adulte, où on se marie, où on a des enfants.

Excuse-moi, mais pour moi, Jésus, c'était un type sérieux, au moins autant que toi, presque comme le pape, et en fait il a un âge où il pourrait encore être joueur de foot ou champion de tennis ! J'ai beaucoup réfléchi à ça ! Maintenant, quand quelqu'un a trente ans, on ne dit pas un « homme » de trente ans, on dit « un garçon » de trente ans. Tu imagines, si on racontait l'histoire comme ça : un garçon de trente ans, avec plein de copains et de copines, qui se balade avec eux, qui parle aux gens sur le chemin. Et les gens l'écoutent et, comme tu me l'as expliqué, ils s'étonnent. Ils se demandent : « Mais c'est qui, ce garçon ? »

Ça m'a fait vraiment bizarre de comprendre ça. Jusque-là, pour moi, Jésus était plat comme une image. En plus, il était tout pâle, tout maigre, et il levait toujours les yeux au ciel.

La semaine dernière, je ne sais pas pourquoi, pour la première fois, j'ai vraiment entendu l'histoire. C'est comme si tout à coup les mots devenaient vivants. Maintenant, je sais pourquoi on dit « lettre morte » ! C'est l'inverse ! Et justement, le jour de notre arrivée, à la grande messe avec tous les prêtres, tu sais, quand tu bénis les huiles, l'Évangile disait exactement ça : Jésus est à la synagogue, il lit le rouleau de la Bible et il dit : « Ce que je viens de lire, c'est maintenant que ça arrive ! » Tu l'as bien expliqué : ce qu'il a lu devient une parole vivante. Tu as même employé le mot « efficace » en disant que les mots qu'on utilise dans les sacrements, comme par exemple au baptême, sont eux aussi efficaces. On dit « Je te baptise », et hop, on est baptisé.

Je n'ai pas vraiment tout compris ce soir-là, mais le jeudi, après la messe du soir, tu m'as donné à lire le passage où Jésus prie au jardin. Ses copains s'endorment, et lui, il a vraiment peur, et il est tout seul. C'est très étrange de lire ça dans la nuit, presque en même temps que lui, à deux mille ans de distance. En fait, c'est à ce moment-là que j'ai compris que Jésus était vraiment quelqu'un. C'était comme les effets spéciaux d'un film : Jésus tout raplapla est devenu vivant en trois dimensions. J'ai senti le froid de la nuit et la peur qu'il a de ce qui va arriver. Du coup, je t'avoue que le lendemain, quand on a lu tout le grand texte de sa mort, la condamnation, le jugement et tout, je voyais tout comme si j'y étais, ce faux-jeton de Judas, les menteurs au tribunal, et Pierre ! Oh, la honte, Pierre ! Je l'entendais vraiment : « Non, non, je vous assure, je ne le connais pas ». Ouah ! Et Jésus qui le regarde, et l'autre qui se met à chialer comme un veau.

Sérieusement, oncle Marc, c'est incroyable, tu sais, parce que j'ai quand même été au caté et à l'aumônerie, et jamais je ne m'étais rendu compte de ce qui s'était vraiment passé. Je n'avais pas compris que c'était un vrai bonhomme, et que les autres aussi, ils sont vrais.

Alors, après, le matin de Pâques, qu'est-ce que les femmes qui ont été au tombeau ont vu ? Ce garçon qui a été exécuté, qui est vraiment mort avec un coup de lance dans le cœur, est-ce que c'est possible qu'elles le voient, qu'elles l'entendent ? Tu vois, ça, je ne sais pas trop. Je crois que je ne comprends pas encore vraiment. C'est ça qu'il faut que tu m'expliques.

Je crois bien que cette fois c'est moi qui ai fait une dissertation. En tout cas, cette semaine sainte, c'était une expérience super. Je suis désolée, mais j'ai encore mon cours de danse, il faut que je file.

Je t'embrasse bien fort. Encore un super gros merci pour cette semaine géniale.

Chloé.

De Marc Belhomme < m.belhomme@gmail.com >
Samedi 30 avril 2011 01 h 13
À Chloé Labourdette < chlodette_08@yahoo.fr >
Objet : Que de questions !

Ma nièce bien-aimée,

Eh bien, dis donc, quel mail ! Je t'avoue que j'ai été assez ému en te lisant. Tu sais, bien des chrétiens ne comprennent jamais vraiment ce que tu viens de découvrir. Ce ne sont pas des mauvais chrétiens, loin de là, mais ils n'ont pas vu à quel point le christianisme est une histoire un peu folle.

Je comprends aussi très bien ce que tu exprimes quand tu dis « moi, ce que les femmes ont vu et entendu le matin de Pâques, je ne sais pas trop… ».

Ce que tu rapportes, c'est exactement l'expérience des disciples et des femmes. Eux aussi, ils ont d'abord connu ce « garçon » comme tu dis. Ce Jésus, un jeune type de trente ans, fils d'un charpentier de Galilée qui quitte son village et se met à parler « avec autorité », disent les témoins.

À l'époque, à trente ans, on était certainement plus mûr qu'aujourd'hui, mais tu as raison, c'était juste l'âge de la maturité, l'âge auquel on pouvait être un prêtre du temple par exemple.

Ce qui est bizarre à propos de Jésus, c'est qu'il n'a pas de maître. Normalement, les jeunes juifs religieux apprenaient auprès d'un maître, leur *rabbi*. Et certains parmi les plus doués quittaient leur maître et devenaient à leur tour rabbis. Or Jésus, lui, semble ne sortir d'aucune école, n'avoir eu aucun maître. Sans doute a-t-il passé un peu de temps auprès de Jean qui prêchait au bord du Jourdain et appelait à se convertir. On nous dit que les deux hommes étaient « cousins »... Quels liens de parenté exactement ? On ne sait pas. Dans ces pays-là, le mot « cousin » peut désigner un parent éloigné. Il semble, en tout cas, que tous les deux soient de la même génération, des hommes jeunes, mais Jean-Baptiste a commencé à être connu avant Jésus.

Les évangiles racontent que Jean-Baptiste est jeté en prison par le tyran local, le roi Hérode à qui il a déplu, et qu'il est finalement exécuté : on lui tranche la tête. Visiblement, cette nouvelle ébranle Jésus qui passe de l'autre côté du lac, « à l'étranger », pour se reposer et prier. On peut penser qu'à ce moment-là il comprend que ce qui est arrivé à Jean-Baptiste pourrait lui arriver à lui aussi. Mais même Jean-Baptiste n'est pas un « maître » pour Jésus.

Si la parole de Jésus étonne, c'est justement parce que ce qu'il dit est neuf; jamais personne n'a parlé comme ça avant lui. Qu'est-ce qui est neuf ? Il semble que ce soit une façon très particulière de parler de Dieu. Les gens qui l'écoutent se rendent compte qu'il parle de Dieu comme d'une personne qu'il connaît de très près. D'ailleurs, Dieu, il ne l'appelle pas le Seigneur, ni le Très-Haut, ni l'Éternel, mais « Père ». Quand ses amis qui le voient prier et qui sont un peu jaloux lui demandent « apprends-nous à prier », il répond : « Quand vous priez, dites *Abba*, Père… » Et il leur donne les mots du Notre-Père. Mais si on regarde les mots attentivement, le mot *abba*, n'est pas le terme que l'on utilise pour désigner son père quand on PARLE DE LUI mais pour PARLER À SON PÈRE avec tendresse. Certains disent qu'il faudrait traduire « papa » ou « petit père ». La traduction est difficile, mais ce qui est sûr, c'est que c'est davantage un terme de tendresse que de respect. C'est un mot qui rend proche, pas un mot qui maintient à distance. Moi, je crois que c'est cela qui intrigue ceux qui rencontrent Jésus. Ils voient à quel point il est proche de Dieu. Ils ont le sentiment que personne avant lui n'a connu Dieu comme il le connaît; mieux que Moïse, mieux que les anciens prophètes. C'est ce que Pierre essaie de dire quand un jour Jésus demande à ses amis proches : « Pour vous, qui suis-je ? » Pierre répond : « Tu es le Messie, le Fils de Dieu. »

Tu vois, ce qui est intéressant, c'est que Pierre dit cela, mais en fait, il ne comprend pas l'énormité de ses paroles. Il utilise « Fils de Dieu » comme une image pour parler de la proximité de Jésus avec Dieu, alors que c'est la réalité. Mais c'est une réalité impossible à comprendre avec son intelligence rationnelle. C'est la même difficulté que celle que tu exprimes. Les amis de Jésus ont bien vu un homme. Certes, un homme particulier, tellement fascinant que certains et certaines ont laissé tout ce qu'ils avaient, leur métier, leur bateau de pêche, leur famille, pour le suivre et l'écouter tous les jours, mais un homme.

Il va leur falloir du temps pour comprendre que ce garçon qu'ils admirent, qu'ils aiment, est bien plus qu'un homme extraordinaire. Le plus difficile, c'est qu'ils doivent comprendre cela non pas en voyant Jésus faire des choses étonnantes, mais en le voyant mourir sur la Croix comme un brigand, dans des conditions ignobles. Il va leur falloir l'expérience de Pâques, c'est-à-dire ce que les femmes et les disciples voient, entendent, racontent, cette chose incompréhensible, impossible : celui qu'ils ont vu mort, ils éprouvent qu'il est là, présent, vivant, rassurant. Tout à la fois, c'est vraiment lui, celui qu'ils ont connu, et il est différent. Différent non pas en étant moins vivant, un peu comme un fantôme, mais au contraire, en étant « plus » vivant.

Mais la résurrection n'est pas la seule chose incroyable que dit le christianisme. La première chose inconcevable, et qu'aucune autre religion ne dit, c'est que Dieu s'est fait homme. Évidemment, la logique oblige à dire : « Ce n'est pas possible ! » Dieu est Dieu, il est immense, infini, éternel, il ne peut pas devenir cette si petite chose qu'est un être humain, limité dans son corps, dans son intelligence, limité dans le temps et dans l'espace.

La deuxième chose inimaginable, c'est que, en acceptant d'être un humain, Dieu n'utilise pas des « super pouvoirs » pour s'en sortir. Il accepte d'être un homme jusqu'au bout et de mourir comme un homme.

C'est très différent de ce que raconte la mythologie grecque par exemple, où un dieu prend une figure humaine momentanément, une sorte de masque pour pouvoir séduire un beau ou une belle mortelle. Le Dieu des chrétiens vient connaître, éprouver la condition humaine jusqu'au bout, jusqu'à l'ultime, jusqu'au sentiment de détresse et d'abandon qu'est la mort. C'est ce qu'on lit le vendredi saint. La mort de Jésus n'est pas une « bonne mort », c'est une mort violente, comme beaucoup de morts d'hommes et de femmes à travers le monde. Ce n'est pas la mort d'un sage. Ce n'est pas la mort de Socrate qui boit le poison en faisant de la philosophie, ce n'est pas la mort de Bouddha qui semble s'endormir.

Tout cela est extrêmement bouleversant. Ainsi que je te le disais au début de ce mail, il y a de nombreux croyants qui se disent chrétiens qui n'ont pas vraiment compris cela. De Jésus, ils retiennent des sortes de leçons de morale et sinon ils croient à un Dieu infini, éternel, impassible, un Dieu qui donne des lois aux fourmis que nous sommes et qui nous juge. Ils ne peuvent pas accepter que Dieu se fasse impuissant par amour et par respect pour nous. Ils veulent un Dieu Père, qui tient la loi dans une main et la foudre dans l'autre, un Christ qui règne et qui juge et qui sépare les bons des méchants.

Tu vois, je suis bien content de ne pas avoir une grande cathédrale classique avec un jugement dernier en pierre taillée, parce que je suis certain que c'est une fausse vision de Dieu, du moins une vision pas chrétienne.

Mais, ma chérie, je me suis laissé emmener bien loin et, en me relisant, je ne suis pas certain que tout cela t'intéresse. Je me suis écarté de tes questions, et surtout de celle que tu me posais vraiment : ce que les femmes ont vu et entendu le matin de Pâques. Mais étant donné l'heure et la longueur du mail, j'arrête là, la suite viendra plus tard.

Plein de bises ma chérie,

Ton vieil oncle bavard.

De Chloé Labourdette < chlodette_08@yahoo.fr >
Samedi 30 avril 2011 19 h 04
À Marc Belhomme < m.belhomme@gmail.com >
Objet : Re : Que de questions !

Cher oncle Marc,

Non seulement tu ne réponds pas à mes questions, mais en plus tu m'obliges à m'en poser d'autres. Mais rassure-toi, je ne t'en veux pas du tout, au contraire ; je ne te demande pas de faire le catéchisme avec des questions et des réponses comme celui que Mounette a appris quand elle était petite. D'ailleurs, j'en ai parlé avec elle. Elle m'a expliqué que ça ne lui avait servi à rien parce qu'à mon âge elle avait déjà presque tout oublié et que c'était tant mieux parce que c'était assez idiot... Elle a dit qu'en fait elle était restée chrétienne malgré ça, parce que, quand elle était étudiante, elle avait rencontré un aumônier formidable, et aussi à cause de Padou qui était un « vrai chrétien ». C'est comme ça qu'elle dit, et elle ajoute : pas un chrétien de façade, un chrétien du cœur. Là-dessus, il faudra que je lui demande de s'expliquer.

Bon, sinon, pour en revenir à Jésus, c'est un peu bizarre. Ce que tu racontes est compliqué et en même temps assez émouvant. J'ai une première question : à travers ce que tu dis, est-ce que je dois comprendre que Jésus ne savait pas qu'il était Dieu ?

Ma deuxième question, c'est à propos de jugement : tu crois vraiment que Dieu ne juge pas ? Est-ce que tu ne crois pas que c'est « injuste » ?

Ma troisième question, c'est toujours sur la résurrection. Toi, qu'est-ce que tu crois ?

Ma dernière question, c'est à propos de la messe, quand on mange l'hostie, on mange quoi exactement ?

Sinon, pour la confirmation, j'ai trouvé la solution : si tu ne peux pas me confirmer, tu peux être mon parrain. Donc, cher oncle Marc, j'ai l'honneur de te demander très officiellement d'être mon parrain de confirmation. Et pour la préparation, je crois qu'on pourra la faire par mail et même qu'on a déjà bien commencé, non ? Sauf, remarque bien, qu'on a parlé de Dieu, de Jésus, et pas beaucoup du Saint Esprit. Il faudra quand même que tu me fasses un petit cours, une sorte de rattrapage, et puis il faut aussi que tu m'expliques vraiment à quoi sert la confirmation.

Allez, mon bon tonton... lol, il faut que tu fasses ton boulot de parrain maintenant... à condition que tu acceptes, bien sûr.

Plein de bises, je te l'ai déjà dit mais je te le répète du fond du cœur, tu es un oncle super.

Chloé.

De Marc Belhomme < m.belhomme@gmail.com >
Lundi 2 mai 2011 02 h 03
À Chloé Labourdette < chlodette_08@yahoo.fr >
Objet : Grand honneur !

Ma belle Chloé,

Je suis très honoré de ta demande et, après réflexion, j'ai décidé d'accepter. Bon, sur le coup, ça va peut-être contrarier ton évêque d'avoir un confrère dans les pattes, et puis il faudra aussi connaître la date le plus vite possible pour que je puisse me libérer, mais tout ça, ce sont des détails matériels et il n'y a pas de raison qu'ils me retiennent de te répondre.

C'est donc un oui, franc, massif et extrêmement heureux.

En revanche, pour la préparation, ce serait dommage que tu ne te joignes pas à un groupe de jeunes de ton âge. Je suis certain que tu vas trouver dès la rentrée un groupe d'étudiants avec lequel tu feras la préparation en plusieurs rencontres, et aussi sans doute une retraite dans une abbaye. Ne t'inquiète pas, ce genre de groupe, sauf désolante exception, n'a rien à voir avec les mauvais souvenirs que tu as gardés de ton aumônerie de collège. De toutes les façons, rien ne nous empêchera d'en parler ensemble au fur et à mesure de l'année. Si le groupe se réunit dès le début de l'automne, il est probable que la confirmation aura lieu en juin.

Bon, sinon, ma toute belle, je ne sais pas si je vais répondre à toutes tes questions ce soir, d'autant qu'il est déjà tard.

Ta question la plus délicate est certainement la première : Jésus savait-il qu'il était Dieu ? Un auteur que tu as déjà lu, me semble-t-il, Éric-Emmanuel Schmitt, a écrit un joli texte, *L'Évangile selon Pilate*, dans lequel il apporte une réponse, littéraire et poétique. À l'occasion, tu pourrais le lire.

Les théologiens aussi ont tenté de répondre, et je dois t'avouer que leurs réponses sont très compliquées.

Mais je veux bien essayer de te donner, sinon une réponse, du moins des petits éléments de ma réflexion.

D'abord, et s'il faut être simple, non, je ne crois pas que Jésus savait qu'il était Dieu. Il ne le savait pas au sens où on emploie le mot ordinairement, c'est-à-dire comme d'une chose sûre dont on ne peut douter. En fait, je crois que le savoir de Jésus est de l'ordre de la foi. Je crois que d'abord, quand il était un enfant et un jeune homme, il a lu et étudié comme tous les jeunes juifs, et je crois qu'il a été « passionné » par l'histoire des relations entre Dieu et le peuple d'Israël, je crois même qu'il est comme « tombé en amour » pour ce Dieu qui veut que les humains le connaissent, qui appelle Abraham, qui fait une alliance avec un peuple, qui l'interpelle par la voix des prophètes. Il est « tombé en amour » comme personne avant lui ne l'avait fait, et sa relation avec Dieu est devenue de plus en plus confiante, de plus en plus intime. Je crois même que dans le « cœur à cœur » qu'il avait avec Dieu, il a eu le sentiment que Dieu et lui aimaient d'un seul cœur. Ce lien était si puissant qu'il a osé dire qu'il était aimé par Dieu comme un fils, et il a expliqué à ses amis que Dieu aimait comme un père. Jésus a cru la Parole de Dieu totalement, comme personne avant lui ne l'avait crue. Il a cru que ce que Dieu promettait était vrai et il l'a cru d'une façon parfaite. C'est pour ça qu'à la synagogue, par exemple, il a pu dire : « Cette parole s'accomplit maintenant. »

Il savait qu'il y avait entre Dieu et lui une relation très particulière et unique. Et c'est vrai que l'Évangile rapporte des paroles de Jésus « énormes ». Par exemple, la fameuse phrase : « Qui me voit voit le Père. » Il fallait quand même oser !

Jésus nous conduit vraiment à son Père. Nous mettons notre foi (faible) dans sa foi (puissante). Pour moi, c'est cela suivre Jésus. Je mets ma foi dans la sienne. C'est dans sa foi que je crois que Dieu est bon comme un tendre père. C'est dans sa foi que je crois que la mort n'est pas la fin de mon histoire. C'est dans sa foi que je crois que, au-delà de la mort, Dieu me donnera la vie de façon définitive.

Tu vois, c'est parce que l'homme Jésus est capable de croire Dieu que moi, à sa suite, j'en suis capable aussi.

Bon, je ne sais pas si je m'explique bien, mais, en tout cas, c'est une bonne transition pour parler de la résurrection. D'abord, je ne crois pas du tout que la résurrection est un retour à la vie. Retour voudrait dire une sorte de marche arrière, alors que c'est une marche en avant. Notre vie limitée passe en illimité... Comme les forfaits de téléphone ! Je m'explique : on ne revient pas à la vie, on passe à la vie dans une nouvelle dimension dans laquelle ni le temps, ni l'espace, ni l'étroitesse de notre cœur ne sont des limites.

Bien sûr, je n'ai pas de preuve de ce que je te dis. Je le crois parce que je crois le témoignage des disciples. Ce que je crois, c'est que les femmes, les apôtres, certains disciples, comme par exemple ceux qui quittent Jérusalem après la mort de Jésus et s'arrêtent au village d'Emmaüs accompagnés d'un étrange compagnon, ont fait une Expérience. Je mets une majuscule au mot pour montrer que ce qu'ils ont vécu a quelque chose de totalement exceptionnel.

Qu'est-ce qu'on peut dire de cette Expérience ? Rien de plus que ce qu'ils nous en disent. D'abord, oui, « c'est le Seigneur ». C'est bien lui, ils le reconnaissent. Cependant, il est « différent ». Ce n'est pas un songe, pas un fantôme, pas une hallucination. Il est vraiment présent, il parle, répond. Avec leurs mots, les évangélistes nous disent qu'il n'est pas une production de leur inconscient, qu'il est vraiment extérieur à eux. Il a un corps, mais ce n'est plus un corps de chair et d'os, et cependant il porte les marques du supplice de la Croix. Les théologiens disent qu'il a un corps « glorieux ». OK, mais, quand on a dit ça, on n'a pas expliqué grand-chose. Ce qui est certain, c'est que c'est un corps qui n'est plus soumis aux pesanteurs du temps et de l'espace, ni aux lois de la biologie. Ce corps appartient au monde de Dieu.

De toutes les façons, ma chérie, dans tout ce que je tente de dire quel que soit mon talent, quelles que soient les images que j'utilise, les mots dont j'use ne te suffiront pas. Être chrétien, c'est faire d'une certaine façon l'expérience que les disciples ont faite. En priant, en lisant la Bible, en ayant une expérience humaine forte, ou de bien d'autres façons, presque sans s'en rendre compte ou tout d'un coup, on éprouve profondément que Jésus le Christ est quelqu'un qui est vivant aujourd'hui. On peut l'éprouver intensément une fraction de seconde ou avoir la sensation d'une sorte de compagnonnage quotidien, peu importe, l'histoire de chaque personne est différente. Mais c'est comme la pierre fondatrice sur laquelle notre foi se construit. Et on peut vivre toute une vie en ayant la mémoire d'un instant. C'est ce que les disciples ont vécu aussi. Ils ont reconnu Jésus, puis il les a quittés. Ensuite ils ont vécu de la mémoire de ce qu'ils avaient vécu ensemble. Ils se le sont raconté, ils l'ont expliqué, ils l'ont écrit pour ceux qui viendraient après eux, et surtout ils l'ont célébré comme Jésus le leur avait demandé. Cette célébration qui aujourd'hui est codifiée s'appelle la messe.

Bon, je n'ai pas répondu à toutes tes questions, il me reste encore l'Esprit-Saint et la messe. Mais, pour cette nuit, je crois que ça suffit. Il est vraiment tard, et je tombe un peu de sommeil.

Je te promets que je m'y remets dès que possible. Ne sois pas impatiente, ce ne sera certainement pas avant la fin de la semaine.

La bise, ma toute belle. Crois bien que je ne t'oublie pas et que tu es présente dans ma prière.

Ton futur parrain,

Marc.

De Chloé Labourdette < chlodette_08@yahoo.fr >
Mardi 3 Mai 2011 18 h 14
À Marc Belhomme < m.belhomme@gmail.com >
Objet : RE : Grand honneur !

Cher bientôt super parrain,

D'abord, merci d'avoir accepté. J'attends la suite des réponses, mais il y a un truc qui tout de suite me tracasse. Il y a longtemps, tu m'as écrit que la foi ça se décidait et là, maintenant, tu dis qu'il faut en faire l'expérience. Explique-moi comment ce n'est pas contradictoire. Parce que, moi, je peux décider de croire mais cette « Expérience », comme tu dis, qu'est-ce qui se passe si je ne la fais jamais ?

Désolée d'être toujours une casse-pieds.

Bises,

Chloé.

De Marc Belhomme < m.belhomme@gmail.com >
Mercredi 4 mai 2011 07 h 03
À Chloé Labourdette < chlodette_08@yahoo.fr >
Objet : Re : Re : Grand honneur !

Ma belle nièce casse-pieds,

Tu as bien raison de l'être. En effet, dans la foi, il y a bien un double mouvement ; quelque chose qui vient de Dieu et notre consentement. Il y a des cas de conversion dans lesquels des gens disent qu'ils ont reçu la foi alors qu'ils ne demandaient rien, comme Frossard dont je t'ai déjà parlé. Cependant, dans la plupart des cas, la foi est appuyée sur notre disponibilité. Nous ne pouvons pas croire en Dieu si nous n'avons jamais entendu parler de lui. C'est d'ailleurs pourquoi il est important et même indispensable que les chrétiens soient les témoins de ce qu'ils croient, c'est-à-dire de ce qu'ils ont reçu et que, à leur tour, ils transmettent non la foi, ça c'est impossible, mais le désir de la foi.

Le mouvement de la foi suppose un intérêt par rapport à la question de Dieu, à quoi s'ajoutent le témoignage que nous recevons de ceux qui croient, la vie de croyant que nous décidons de mener et l'expérience que nous faisons que Dieu n'est pas une idée, si belle soit-elle, mais bien une personne avec laquelle nous avons une véritable relation. Selon l'histoire de chacun et les circonstances, toutes ces étapes se passent dans un ordre ou dans un autre. On a découvert par exemple, en lisant son journal intime, que la grande sainte de Calcutta, Mère Teresa, a eu pendant des dizaines d'années ce qu'on appelle une « nuit de la foi ». Pour dire les choses en images, cela signifie que pendant des années, elle n'a plus aperçu la lumière de Dieu, elle n'a plus éprouvé sa présence. Et cependant elle a été fidèle et, cela, c'était un acte de sa volonté, une décision.

Tu sais, même si je ne suis pas grand spécialiste de la vie à deux et du mariage, il me semble que c'est un peu comme ça dans les histoires d'amour. On n'est pas amoureux toute une vie comme au premier jour, d'un simple élan du cœur. Pour que l'amour dure, il faut qu'il devienne un acte de la volonté dans lequel on engage tout sa personne. Peut-être trouveras-tu que ce n'est pas assez romantique, mais je te garantis que c'est plus solide qu'une simple émotion, même grande. Dans la foi, c'est la même chose, il y a des moments forts; des instants de lumière, de véritables retournements que l'on nomme conversion, et il y a aussi le travail de l'intelligence et de la volonté et de la confiance.

Pour répondre plus précisément à ta question, je ne sais pas si l'on peut être véritablement chrétien sans avoir à un moment ou un autre de sa vie « éprouvé » la présence de Jésus-Christ. Mais ne t'attends pas à un phénomène nécessitant de grands effets spéciaux. Il est vrai que certains racontent des conversions spectaculaires comme celle de saint Paul, mais pour beaucoup d'entre nous il s'agit plus souvent d'un phénomène de reconnaissance, c'est-à-dire que nous nous rendons compte après coup que Jésus-Christ était déjà là, présent dans notre vie, sans que nous nous en soyons rendu compte.

C'est d'ailleurs pour cela que, dans la vie d'un croyant (d'une croyante), il faut des moments particuliers pendant lesquels on fait le silence pour laisser de la place au cœur à cœur avec Dieu. C'est une chose qu'on peut faire quotidiennement, dans la prière.

Comme la méditation à laquelle la sœur Adina t'avait initiée, je crois que la prière est d'abord un silence. Il faut faire silence en soi pour laisser de la place à Dieu. Oh, il n'est pas nécessaire que cela dure des heures : se mettre devant Dieu en silence, dire dans son cœur : « Seigneur, je suis devant toi, regarde-moi, connais mon cœur », c'est déjà une belle prière. Mais il arrive qu'on ait besoin de faire un peu plus le point. Alors on peut décider de faire une retraite de quelques jours dans une abbaye, pour « profiter » du silence et de la prière de ceux qui y vivent à plein temps. Parfois, aussi – je crois que je t'en ai déjà dit un mot –, il est nécessaire de demander l'assistance de quelqu'un. On le nomme accompagnateur ou accompagnatrice spirituel(le). Ce peut être un prêtre, mais ce n'est pas du tout obligatoire. Ce qui est important, c'est que ce soit un autre chrétien amical et bienveillant qui devient un témoin de notre évolution, de notre croissance.

Voilà, on en reparlera à l'occasion. Pour l'heure, je t'embrasse bien tendrement et je n'oublie pas que je te dois des explications sur le Saint Esprit et le Jugement.

Ton oncle Marc qui aime bien les casse-pieds comme toi.

De Chloé Labourdette < chlodette_08@yahoo.fr >
Mercredi 4 mai 2011 12 h 44
À Marc Belhomme < m.belhomme@gmail.com >
Objet : Re : Re : Re : Grand honneur !

OK, merci, et en plus tu me donnes une réponse à une question que j'allais te poser à propos de la prière.

J'attends la suite.

Biz. Chloé.

Envoyé de mon iPhone.

De Marc Belhomme < m.belhomme@gmail.com >
Samedi 7 mai 2011 01 h 53
À Chloé Labourdette < chlodette_08@yahoo.fr >
Objet : Du Saint Esprit et du Jugement

Chère Chloé,

Je constate à la triomphante signature qui accompagne ton petit mot que tu as enfin eu gain de cause et que tu as convaincu ton père de l'utilité de cette machine… Enfant gâtée, tu as bien de la chance d'être la petite dernière. Je me souviens d'avoir dû plaider la cause de ta sœur Émilie pour qu'elle ait un ordinateur personnel quand elle est entrée à la fac. Et Mounette et Padou ont mis la main à la poche pour achever de convaincre ton père. C'était il y a dix ans…

Mais, passons, ce n'est pas le sujet et, de toutes les façons, que je sache, tu ne comptais pas faire ta confirmation pour les cadeaux…

Bien, retour aux choses sérieuses.

D'abord, l'Esprit-Saint. Finalement, ce n'est pas si facile d'en parler. Un de mes vieux amis avait une heureuse comparaison. Il disait que de la même façon que le poisson ne sait pas qu'il vit dans l'eau, le chrétien ne sait pas qu'il vit dans l'Esprit.

On peut dire que l'Esprit, c'est la présence constante de Dieu dans notre monde. C'est une façon d'exprimer que Dieu n'est ni absent ni étranger à notre monde, mais qu'il y demeure par la force de son Esprit et de son amour. Jésus qui promet l'Esprit-Saint à ses amis leur dit qu'il sera un « défenseur », un avocat. La question est : « De quoi nous défend-il? » Je crois qu'il nous défend de la tristesse et du désespoir, il nous défend de la tentation de croire que ce monde est abandonné, qu'il va à sa perte et que la méchanceté aura le dernier mot. L'Esprit plaide la cause de Dieu, c'est-à-dire la cause de l'amour, de la fraternité, de la bienveillance, de la gratuité... L'Esprit, dit saint Paul, vient au secours de notre faiblesse. C'est lui qui nous rend capables d'appeler Dieu « Père ». Je t'ai cherché la citation dans la Lettre aux Romains, au chapitre 8 : « Vous avez reçu un esprit de fils adoptifs qui nous fait nous écrier : *Abba!* Père ! L'Esprit en personne se joint à notre esprit pour attester que nous sommes enfants de Dieu. »

On peut faire de longues dissertations philosophiques sur l'Esprit-Saint, mais on a toujours un peu tort car l'Esprit se découvre par son action.

Bon, je prends les devants avant que tu ne me demandes le rapport entre le Père, le Fils et l'Esprit, ce que les chrétiens appellent le Trinité. C'est la meilleure façon que nous avons avec nos pauvres mots et concepts humains pour tenter de dire qu'en Dieu l'amour ne cesse de circuler. Ainsi, on peut dire que le Père aime parfaitement le Fils, il lui donne tout son amour, autant dire qu'il se donne entièrement, car, en Dieu, il n'y a que de l'amour. Le Fils, lui, reçoit tout du Père et lui rend parfaitement cet amour. Et cet amour entre le Père et le Fils est si puissant, si fort, qu'il est parfaitement vivant et lui aussi est Dieu, c'est l'Esprit. Le miracle et le mystère, dans cette affaire, c'est que cette perfection d'amour échangé se répand dans la Création et donc sur nous, petits humains limités et cependant parfaitement aimés. Sauf que nous, contrairement au Fils, nous ne savons pas bien recevoir cet amour et nous ne savons pas bien le rendre.

Cette transition habile me permet de te parler du Jugement.

Toi et moi, nous avons déjà parlé du mal. Les chrétiens disent que la parfaite obéissance à l'Esprit de Dieu permet de repousser le mal et de lui résister. Jésus en est l'illustration. Il est victime du mal, mais il n'en est ni auteur ni complice, contrairement à nous (*cf.* l'histoire d'Adam et Ève). La bonne nouvelle, c'est que nous sommes capables de résister au mal si nous sommes accueillants à l'Esprit de Dieu. Le triste constat, c'est que nous ne nous laissons pas toujours conduire par l'Esprit et que nous faisons ce qui est mal. En langage chrétien, on dit qu'on commet des péchés.

Je t'épargne de longues dissertations sur la façon de savoir ce qu'est le bien et ce qu'est le mal. Disons qu'il y a un mélange de boussole intérieure, *alias* la conscience, et d'écoute de ce que d'autres « savent » sur le bien et le mal, car, dans certaines circonstances, nous pouvons nous trouver devant un choix difficile. L'Église dit qu'alors il faut éclairer sa conscience.

Bon, à supposer qu'on ait distingué le bien du mal, il demeure que parfois, trop souvent, nous choisissons en connaissance de cause de faire le mal, ou tout simplement de nous abstenir de faire le bien que nous pourrions faire.

Bien sûr, nous pouvons demander pardon; d'abord à ceux que nous avons offensés, et tenter de réparer nos torts. Ensuite, nous pouvons demander pardon à Dieu d'être si peu à la hauteur de ce que nous pourrions être si nous vivions vraiment dans l'Esprit, comme des fils et des filles de Dieu. C'est dans ce cadre que dans l'Église catholique on reçoit le sacrement de réconciliation. On peut aussi recevoir ce sacrement parce qu'on sait qu'on n'est pas capable de pardonner à quelqu'un ou de demander pardon avec le seul secours de nos propres forces.

Ne t'inquiète pas, j'arrête mon petit cours sur les sacrements et je reviens à la question de départ : est-ce qu'à la fin de notre vie, ou à la fin de l'histoire du monde, Dieu fera le ménage et séparera les bons des méchants comme on le voit dans les grandes représentations du Jugement dernier?

La réponse est compliquée. Dans l'Évangile, il y a des paroles de Jésus qui laissent penser que le pardon de Dieu est pour tous et sans condition, par exemple la parabole dite du « fils prodigue », où le fils qui a quitté la maison de son père avec sa part d'héritage dépense tout en faisant la fête, finit par revenir la faim au ventre et est accueilli sans jugement par le père qui court à sa rencontre et fête le retour du fils qu'il croyait avoir perdu.

Il y a aussi des paroles fortes qui disent qu'il y aura bien un jugement et que, pour les méchants, il y aura les pleurs, les grincements de dents et la « géhenne de feu ». Que peut-on dire ? D'abord que Dieu n'est pas gâteux. Il a des yeux pour voir, des oreilles pour entendre, il ne confond pas le bien et le mal, et, sous son regard, tout n'est pas égal. Ensuite que l'amour de Dieu est plus grand que le mal dont nous sommes capables. C'est exactement ce que nous apprennent la mort et la résurrection de Jésus.

Nous (tous les humains) avons fait la pire des choses, nous avons condamné celui qui n'avait rien fait de mal, le plus innocent des innocents. Comme je te l'ai raconté, tout s'est ligué, mensonge, traîtrise, paresse, orgueil, appât du gain, lâcheté, indifférence, méchanceté, perversité, cruauté… Or, Dieu n'a pas fait tomber la foudre ou déclenché un déluge. Il nous a accordé en Jésus-Christ son pardon et son amour pour toujours, de telle sorte qu'ainsi que le dit magnifiquement saint Paul : rien, pas même la mort, ne peut nous séparer de l'amour du Christ. Rien, ni sa mort que nous avons causée ni notre mort. Au fond, voilà l'essentiel de la foi chrétienne dit en quelques mots : nous croyons que l'amour est plus fort que la mort.

Alors, si nous revenons à la question du jugement de Dieu, je ne crois pas qu'il sépare les bons des méchants. Je crois qu'il sépare en chacun de nous le bien du mal. Je crois que, au jour du jugement, nous nous retrouverons en vérité devant Dieu et là, il faudra que nous acceptions de rejeter le mal qui est en nous. Est-ce qu'il est possible qu'à ce moment ultime nous restions cramponnés au mal ? Est-il possible que quelqu'un rejette totalement et en toute connaissance de cause l'offre d'amour de Dieu ? Je réponds oui, Dieu nous laisse libre de cela. Et en même temps j'espère et je prie pour que personne, même les plus grands criminels, n'utilise ainsi sa liberté.

Certains pensent que c'est injuste que les méchants aussi soient aimés et sauvés. Moi, je crois qu'on n'est pas heureux quand on est méchant, égoïste, cruel. Je crois aussi que Dieu seul sait quelle est la responsabilité réelle, personnelle de chacun d'entre nous, y compris des criminels. Mais je te le redis, je crois qu'il y a dans la vie de chacun, « à l'heure de notre mort », un moment de vérité. On pourrait d'ailleurs mettre une majuscule au mot Vérité. Évidemment, je ne crois pas qu'il y a un enfer avec des flammes et des diablotins et des tortures, ce sont des images. Mais je crois que si nous refusons la vie que Dieu nous offre, alors nous allons à la mort définitive, au néant.

Il y a dans la Bible, dans le livre du Deutéronome, au chapitre 30 verset 19, une phrase qui résume tout cela parfaitement. C'est Dieu qui parle, il dit : « J'ai mis devant toi la Vie et la mort, choisis la Vie afin que tu vives ! »

Bon, ma toute belle, assez de caté pour aujourd'hui, d'autant qu'il est affreusement tard.

Je t'embrasse et je te garde dans ma prière pour que tu « choisisses la Vie ».

Marc.

De Chloé Labourdette < chlodette_08@yahoo.fr >
Dimanche 8 Mai 2011 13 h 07
À Marc Belhomme < m.belhomme@gmail.com >
Objet : Je choisis la vie !

Hello, oncle Marc,

Juste un petit mot ! Je reviens de la messe. Non, non, tu ne rêves pas, j'ai accompagné les parents qui n'en revenaient pas... D'habitude, ils râlent et parfois j'accepte de me laisser traîner, mais là, j'étais prête la première. J'avais un truc important à faire. Je t'explique. Je voulais dire officiellement à Dieu : « Je choisis la Vie. » Et voilà, c'est fait. Je suis très contente, et je voulais que tu le saches parce que tu y es quand même un peu pour quelque chose. Évidemment, c'est entre toi et moi, OK ?

Je t'embrasse fort et je te dis un grand merci.

Chloé la vivante.

De Marc Belhomme < m.belhomme@gmail.com >
Dimanche 8 mai 2011 20 h 57
À Chloé Labourdette < chlodette_08@yahoo.fr >
Objet : Re : Je choisis la vie !

Ma belle Chloé,

Ton dernier mail me réjouit beaucoup. Mais, quant à moi, je n'ai jamais douté que tu choisissais la vie et tu l'as d'ailleurs déjà abondamment prouvé. Il reste que c'est un joli cadeau que tu te fais en l'affirmant si clairement et aussi en te confiant à Dieu. Je te souhaite d'avoir le désir d'être toujours plus vivante de la vraie vie, celle qui est faite de nos relations avec les autres, de notre capacité à dépasser nos petits intérêts immédiats, nos petites envies obsessionnelles. Beaucoup de gens sont malheureux parce qu'ils sont centrés sur leur propre personne, obsédés par leur petite histoire, rongés par leurs petits soucis et, de petit en petit, leur vie rétrécit. Ils deviennent prisonniers d'eux-mêmes alors que le premier cadeau que Dieu nous fait, c'est celui de la liberté.

Sinon, je suis ému que tu me remercies, mais je ne crois pas y être pour grand-chose. En tout cas, la conversation que nous avons eue m'a été très agréable, et j'espère bien que nous allons la poursuivre, d'autant que j'ai l'intention de prendre très au sérieux le rôle de parrain que tu m'as confié.

Tu ne t'étonneras pas si je ne réponds pas rapidement dans les prochains jours. Je suis très pris la semaine prochaine, et ensuite je serai en Afrique avec un groupe d'évêques français. Je vous en avais parlé à Pâques.

D'ici là, ma belle, bonnes révisions afin de rapporter une jolie mention à ton bac.

Je suis fier de toi et je t'embrasse,

Marc.

De Chloé Labourdette < chlodette_08@yahoo.fr >
Mardi 31 mai 2011 21 h 44
À Marc Belhomme < m.belhomme@gmail.com >
Objet : encore 3 questions

Cher oncle Marc,

J'ai profité de ton absence pour relire certains des mails que nous avons échangés. Du coup, j'ai encore des questions; deux auxquelles tu ne m'as pas répondu et une troisième.

D'abord, les deux questions. Tu ne m'as pas expliqué ce qu'on mangeait quand on communie et, comme je retourne un peu à la messe, ça m'intéresse. Ensuite, tu ne m'as pas dit si tu avais été amoureux...?

Pour finir, je me demande si je ne devrais pas aller aux JMJ cet été. Il y a un petit groupe de mon bahut qui y va, mais je suis en retard pour m'inscrire, et surtout je t'avoue que je n'ai pas super envie de partir ni avec les quelques jeunes cathos que je trouve assez imbuvables (dont miss « fan du pape ») ni avec l'aumônier, dont je vais m'abstenir de te raconter ce que je pense, ça m'évitera de dire des horreurs ; je suis désolée, mais tous les curés ne sont pas sympas comme toi, hélas... Enfin, je suppose que tu le sais déjà.

Je pourrais peut-être partir avec un groupe de chez toi ? Et toi, tu y vas aux JMJ ?

J'ai bien aimé ce que tu as expliqué sur l'Afrique quand tu es passé à la maison la semaine dernière. Du coup, j'espère que j'aurai un sujet en géo au bac où je pourrai me servir de certains détails. Raconté par toi, c'est quand même plus passionnant que les cours. J'ai été très impressionnée par la place des femmes qui sont les premières actrices du développement, et en même temps je me suis rendu compte de la chance que j'avais d'être née en France dans une famille comme la mienne. Et je crois aussi que cette chance me donne une responsabilité. Je ne sais pas encore comment je l'assumerai, mais j'ai l'intention d'y réfléchir sérieusement.

Plein de bises, j'attends toutes tes réponses, surtout pour les JMJ, car je crois qu'il faut faire vite.

Chloé.

De Marc Belhomme < m.belhomme@gmail.com >
Samedi 4 Juin 2011 01 h 54
À Chloé Labourdette < chlodette_08@yahoo.fr >
Objet : Re : encore 3 questions
PJ : Votre Pentecôte pour la vie ! Coexister/JMJ.

Ma toute belle,

Moi aussi, j'ai trouvé très agréable la soirée passée chez vous à mon retour d'Afrique. Je ne m'attendais pas à ce que tu en tires de si belles conclusions. Je suis certain que ton frère Jean aura lui aussi beaucoup à raconter lorsqu'il rentrera du Cameroun.

Mais je te sens impatiente de mes réponses à tes questions, j'y viens tout de suite.

D'abord, la plus facile des réponses : est-ce que j'ai été amoureux. Eh bien, ma chérie, cela, du moins dans les détails, ne regarde que moi. J'aurai bientôt cinquante-cinq ans, tu en as dix-huit, je n'ai pas l'intention de te raconter mes histoires de cœur ; elles sont privées.

Cependant, en dehors des détails et donc en général, je veux bien te répondre. Évidemment que je suis tombé amoureux, sinon, je serais un grand malade avec un cœur paralysé. Ne pas être capable d'être amoureux est une chose infiniment triste et j'espère bien que ça ne m'arrivera pas. Je veux continuer à être bouleversé par une personne, par son élégance, sa grâce, par sa beauté extérieure comme par sa beauté intérieure. Et je souhaite que cela t'arrive, que ce sentiment soit partagé et que, avec cette personne, à partir de là, vous ayez envie de construire une vie à deux. Je crois cependant, pour avoir vu bien des couples et entendu nombre de confidences – que veux-tu, c'est le métier qui veut ça –, qu'une vie à deux, heureuse, stable et solide est un travail de tous les jours. Il ne suffit pas d'être amoureux pour que cela marche. Mais je t'accorde que c'est un excellent début.

Tu me permettras aussi de te signaler que certains hommes et certaines femmes choisissent volontairement de demeurer célibataires. Cela ne veut pas dire qu'ils s'empêchent de tomber amoureux. Cela veut dire qu'ils renoncent à construire une vie à deux. Dans ce cas, le sentiment amoureux doit servir à construire autre chose ; une grande bienveillance, une tendresse qui s'étendent bien au-delà du sentiment exclusif qu'on peut avoir pour une personne particulière. Quant à moi, j'ai cru que c'était possible.

Pour aller plus loin, j'ajouterai que c'est plutôt difficile car il y a un vrai risque que la solitude ne conduise au dessèchement du cœur. Or le célibat choisi ne peut se comprendre que s'il contribue à élargir notre capacité d'aimer. Bon, on en reparlera si tu te sens attirée par le célibat consacré et la vie religieuse... Ne proteste pas tout de suite, on ne sait jamais !

Passons à ta deuxième question : qu'est-ce qu'on mange quand on communie ?

Quelle question ! On pourrait écrire une thèse. Je vais cependant essayer de faire court.

D'abord, matériellement, on mange du pain, c'est-à-dire de la farine et de l'eau mélangées, malaxées et cuites. La particularité de ce pain est d'être sans levain. Le levain sert à faire gonfler la pâte, ce qui donne le pain classique, celui qu'on sert à table. On choisit du pain sans levain pour deux raisons. D'abord parce que Jésus ayant « institué » le geste qui est à l'origine de notre messe le soir de la fête la Pâque juive, il s'est servi du pain qui était sur la table. Et ce jour-là, sur les tables juives, le pain est sans levain en souvenir du départ précipité des Hébreux qui fuient l'Égypte et l'esclavage : ils sont si pressés qu'ils n'ont pas le temps de faire lever le pain. Ensuite, seconde raison, le pain sans levain se conserve longtemps. Il ne devient pas dur et rassis comme le pain ordinaire. C'est une particularité très commode.

Si la réalité, physique, matérielle est celle du pain, il y a une réalité plus grande qu'on nomme présence réelle et qui nous fait dire que le pain consacré, l'hostie, est le Corps du Christ. C'est ce qu'on te dit quand tu te présentes à la communion. Celui ou celle qui te donne l'hostie te la montre en disant « Le Corps du Christ », et tu réponds « Amen », ce qui signifie que tu donnes ta confiance ; le Amen signifie : « Je crois que c'est bien le Corps du Christ. » Cette expression de

« Corps du Christ » a donné lieu à bien des interprétations et des moqueries à l'égard des chrétiens, qu'on a traités à la fois d'idiots et d'anthropophages.

Pour bien comprendre, il faut revenir à ce que nous rapportent les évangiles sur le geste et les paroles de Jésus le soir de sa mort. Ce soir-là, à Jérusalem, les juifs célébraient la Pâque, l'anniversaire du jour où leurs ancêtres les Hébreux ont quitté l'Égypte sous la conduite de Moïse et où Dieu les a libérés de l'esclavage en leur faisant passer la mer Rouge à pied sec. Il ne faut pas perdre de vue que, pour les juifs qui n'étaient pas très marins, la mer était synonyme de mort. Ils imaginaient que les fonds marins grouillaient de monstres divers et variés prêts à happer les embarcations et les téméraires qui y embarquaient. Traverser la mer, c'est bien passer à travers la mort. D'ailleurs, le mot « Pâque » signifie « passage ».

Jésus et ses amis vont comme tous les juifs célébrer cette fête et faire mémoire de cette libération. Or Jésus sait que les responsables juifs qui souhaitent une collaboration sans heurts avec l'occupant romain le considèrent comme dangereux à la fois pour la paix religieuse et pour la paix civile. Les menaces sont de plus en plus précises, de plus en plus proches. Il a un peu hésité avant de revenir à Jérusalem, car il se doute que sa vie est menacée.

Les évangiles nous racontent qu'au cours du repas, qui sera le dernier, au moment où il bénit le pain et la coupe de vin comme il est d'usage que le chef de famille le fasse, Jésus donne un sens très particulier à son geste. Il donne par avance un sens à sa mort : sa mort n'est pas une catastrophe, la fin de l'histoire, la victoire des méchants, elle est la vie donnée par amour. Le pain est son corps livré, le vin est son sang versé pour la nouvelle alliance, allusion directe à l'alliance nouée entre Dieu et son peuple au temps de Moïse. Et Jésus ajoute une consigne : « Vous ferez cela en mémoire de moi. »

Ainsi donc, depuis lors, les chrétiens refont les mêmes gestes et redisent les mêmes paroles, c'est cela qui constitue la messe.

Évidemment, les amis de Jésus ont vraiment compris ce qu'il avait fait après sa mort et sa résurrection. Ils ont découvert que Jésus leur offrait une nouvelle libération, non plus de l'esclavage égyptien mais de celui du mal et de la mort. Jésus ressuscité passe à travers la mort comme les Hébreux étaient passés à travers la mer. Il est celui qui marche en tête et ouvre le chemin et, à sa suite, nous croyons que nous aussi, nous traverserons la mort.

Alors, que faisons-nous quand nous communions ? Saint Paul l'explique parfaitement : « Quand vous mangez ce pain et buvez à cette coupe, vous célébrez la mort du Seigneur jusqu'à ce qu'il vienne. » Pour Paul, dire la mort du Seigneur signifie bien sûr sa mort et sa résurrection puisqu'il parle de son retour, à la fin des temps, dans la gloire.

Les chrétiens ne sont donc pas des crétins anthropophages. Ce qu'ils mangent et boivent est matériellement du pain et du vin et réellement le Corps et le Sang du Christ qui les font participer, les « incorporent » à sa mort et à sa résurrection. D'ailleurs, si tu fais attention, il y a un petit geste que fait le prêtre juste avant la communion : il coupe un tout petit morceau de l'hostie qu'il met dans le calice, et il prononce les paroles suivantes : « Que le Corps et le Sang de Jésus-Christ, réunis dans cette coupe, nourrissent en nous la vie éternelle. » À la messe, le passé, le présent et l'avenir sont réunis. Le geste de Jésus, sa vie donnée, offerte, sa mort et sa résurrection sont la promesse de notre propre résurrection. Tout cela est rendu présent. Ce que nous mangeons en communiant, c'est la vie éternelle, c'est la résurrection, c'est notre salut, c'est-à-dire ce qui nous sauve de la mort et du mal et nous rend capables d'une alliance d'amour avec Dieu. Et ce qui nous sauve, c'est Jésus lui-même. Tu remarqueras que j'ai dit « nous », parce que la messe n'est pas une petite dévotion personnelle, un petit rendez-vous perso avec Jésus. C'est le rendez-vous d'un peuple tout entier, le nouveau peuple qui est appelé à la nouvelle alliance. La messe bat le rappel de tous ceux qui ont vécu, vivent et vivront de la vie du Christ. C'est d'ailleurs pourquoi, pendant la prière eucharistique, le prêtre fait mémoire de tous ceux qui ont vécu dans l'espérance de la résurrection, les apôtres, les martyrs, les défunts de nos familles. Il résume en disant « tout le peuple des rachetés » en y incluant les vivants et les morts.

Bien sûr, chacun peut prier dans le secret de sa chambre, mais aller à la messe, c'est célébrer ensemble une chose immense qui vaut pour toute l'humanité depuis les origines et jusqu'à la fin des temps.

Pour le dire dans des termes très modernes, presque de science-fiction, la messe est une fracture de l'espace-temps (ton frère Simon m'a dit que ça s'appelait un « vortex »). Le présent est happé par l'éternité et Dieu, l'éternel, l'inaccessible, se rend présent pour nous.

Je pourrais t'écrire bien d'autres choses sur la messe. Sans te mentir, je puis te dire que je la célèbre quasi quotidiennement depuis près de vingt-cinq ans, je ne cesse d'en découvrir d'autres aspects, de nouveaux accents. C'est pourquoi c'est toujours pour moi une grande émotion et une joie profonde que de la célébrer. Je souhaite que tu en découvres toi-même les richesses.

Bon, pour finir, les JMJ ! Quelle bonne nouvelle que tu aies envie d'y aller ! Avoue qu'il y a quelques mois, quand nous avons commencé notre conversation sur les preuves de l'existence de Dieu, si je t'en avais parlé, tu m'aurais envoyé sur les roses ! Comme quoi, il n'y a que les idiot(e)s qui ne changent pas d'avis.

Bon, tu as raison cependant, il est un peu tard pour t'inscrire mais, rassure-toi, la cause n'est pas désespérée.

Tu me demandes si j'y serai, eh bien, oui. Tu sais, ton vieil oncle est encore un jeune évêque, et j'ai été sollicité pour faire des « catéchèses » aux jeunes. J'ai accepté parce que, au fond, ça me fait plaisir. Je me souviens que, moi-même, j'ai été aux JMJ comme « jeune », quand j'étais étudiant puis séminariste, et j'en garde de très bons souvenirs. Je ne crois pas qu'assister à ce genre de grand rassemblement suffit pour enraciner la foi, mais ce sont de bons moments et je ne fais pas partie des gens qui font la fine bouche devant ces grands événements. Je les crois très utiles. En plus, on y rencontre des jeunes du monde entier !

Cependant, je ne crois pas que ce soit une bonne idée que tu accompagnes un groupe de mon diocèse. Ce sont des jeunes que tu n'auras plus l'occasion de revoir. Or aller ensemble aux JMJ peut créer de belles amitiés, et même une réelle fraternité.

J'ai un peu réfléchi à ta situation et il m'est venu une idée. Le fils d'un de mes vieux amis a créé une association qui porte le beau nom de « COEXISTER ». C'est une association de jeunes, juifs, chrétiens et musulmans, qui œuvrent pour le dialogue interreligieux. Tu trouveras sans problème leur site sur Internet et aussi sur Facebook. J'ai appris qu'ils forment un groupe de jeunes croyants qui partent aux JMJ. Évidemment, là aussi, tu es très en retard, mais j'ai passé quelques coups de fil et ça devrait pouvoir s'arranger. Je te mets tous les liens et en PJ le bulletin d'adhésion. Il faut que tu te décides dans la semaine. Et ne t'inquiète pas, même si Madrid est une très grande ville, on trouvera bien un moment pour se retrouver.

En pièce jointe, je t'ai aussi mis un petit texte du pape Jean-Paul II. C'est un discours qu'il a prononcé au début de son pontificat. Je l'avais trouvé très simple et très beau et, depuis que je suis évêque, je le donne aux jeunes que je vais confirmer. Ce sera donc mon premier acte officiel de parrain dans ta préparation à la confirmation.

Pour les JMJ, décide-toi vite, remplis le bulletin et envoie-le dare-dare avec le chèque (Mounette se fera une joie de participer, et même ce serait gentil de ta part de lui demander de t'aider, elle aura ainsi un peu le sentiment de t'accompagner). Et n'oublie quand même pas ton bac, je compte que tu auras une jolie mention.

Je t'embrasse bien tendrement.

Marc.

http://www.coexister.fr/

Votre Pentecôte pour la vie

Le moment me semble tout à fait indiqué pour m'adresser aux jeunes qui vont recevoir le sacrement de la confirmation, précisément pour entrer dans une nouvelle étape de leur vie baptismale : l'étape du service actif sur l'immense chantier de l'évangélisation du monde. L'imposition des mains et l'onction du saint chrême vont signifier réellement et efficacement la venue plénière de l'Esprit-Saint au plus profond de votre personne, au carrefour en quelque sorte de vos facultés humaines d'intelligence en quête de vérité et de liberté en recherche d'idéal. Votre confirmation d'aujourd'hui est votre Pentecôte pour la vie ! Réalisez la gravité et la grandeur de ce sacrement. Quel sera votre style de vie désormais ? Celui des apôtres à la sortie du cénacle ! Celui des chrétiens de toute époque, énergiquement fidèles à la prière, à l'approfondissement et au témoignage de la foi, à la fraction du pain eucharistique, au service du prochain et surtout des plus pauvres. Jeunes confirmés d'aujourd'hui ou d'hier, avancez tous sur les routes de la vie comme des témoins fervents de la Pentecôte, source inépuisable de jeunesse et de dynamisme pour l'Église et pour le monde.

Bienheureux Jean-Paul II,
Homélie pour les étudiants à Yamoussoukro
(Côte-d'Ivoire),
le 11 mai 1980.

De Chloé Labourdette < chlodette_08@yahoo.fr >
Mardi 7 Juin 2011 21 h 07
À Marc Belhomme < m.belhomme@gmail.com >
Objet : Coexister !

Mon oncle chéri,

Tu es tout simplement génial. COEXISTER, c'est exactement ce qu'il me fallait ! J'ai échangé des mails avec Samuel et je l'ai eu au téléphone. Pas de problème, ils prennent mon inscription, grâce à toi, bien sûr ! Mais je suis sûre que je vais bien m'entendre avec eux. Je trouve que c'est une super idée de discuter avec des jeunes d'autres religions. D'abord parce que c'est bien de se connaître, et puis ça permet de mieux savoir qui on est.

Sinon, rassure-toi, j'ai encore plein de questions, ne crois pas que tu es quitte, j'ai bien l'intention d'exploiter mon nouveau parrain. Mais pour l'instant je passe en mode veille car le bac approche. L'épreuve de philosophie est dans neuf jours, ça chauffe ! Mais je suis sûre que nos discussions me seront utiles ! Et même si ce n'est pas le cas directement, moi, j'ai vraiment été accro à tes mails. Je suis sûre que tu es un bon évêque, mais tu serais aussi un aumônier génial. Toi, tu ne dirais jamais qu'on pose trop de questions.

Je t'embrasse fort. Euh, je ne sais pas si Dieu s'occupe des détails genre bac, mais peut-être que tu accepterais de prier un peu pour moi, on ne sait jamais, pour la mention, ça pourrait aider ! Ou bien tu confies le job à un saint spécialisé, tu sais, comme celui qui s'occupe des clés perdues et tout ça… Lol.

Bon, en fait, tu fais ce que tu penses le mieux, comme d'habitude. Je te fais confiance et, de mon côté, je me mets au boulot.

À bientôt, chez Mounette en juillet et à Madrid en août !

Chloé.

Pour écrire à Marc : m.belhomme@gmail.com
Pour écrire à Chloé : chlodette_08@yahoo.fr

Cet ouvrage a été imprimé en France
par CPI Bussière
à Saint-Amand-Montrond (Cher)
en mars 2012

Cet ouvrage a été composé par
Firmin-Didot à Mesnil-sur-l'Estrée

Dépôt légal : novembre 2011.
N° d'édition : 14777. – N° d'impression : 121094/4.